图解理财
零基础学理财

刘晓彤 著

裴俊飞 绘

本书穿插了190多张好看有趣的原创手绘插图，以漫画的形式将理财的原理、方法与策略直观地呈现出来，让读者像看漫画书一样，身临其境地感受理财的魅力。

本书涵盖记账、储蓄、消费、基金与股票等投资工具的应用、资产的分配、财富的管理等内容，其中用了较大篇幅讲解投资策略及投资工具的选择、构建理财金字塔、如何使资产如雪球般快速滚动起来等具体可行的理财方法，从而帮助投资理财者迅速地了解理财知识、构建理财思维，并以理财思维规划自己的生活和未来，投资理财者可根据个人特点和财务状况制订相应的理财计划，挑选适合自己的理财工具，让钱生钱，尽早实现财务自由。

图书在版编目（CIP）数据

图解理财：零基础学理财 / 刘晓彤著；裴俊飞绘.
—北京：机械工业出版社，2020.6
ISBN 978-7-111-65816-0

Ⅰ.①图… Ⅱ.①刘… ②裴… Ⅲ.①私人投资-图解
Ⅳ.①F830.59-64

中国版本图书馆CIP数据核字（2020）第098961号

机械工业出版社（北京市百万庄大街22号 邮政编码100037）
策划编辑：曹雅君　　责任编辑：曹雅君
责任校对：郭明磊　　封面设计：马书遥
责任印制：孙　炜
保定市中画美凯印刷有限公司印刷

2020年7月第1版·第1次印刷
145mm×210mm·7.5印张·122千字
标准书号：ISBN 978-7-111-65816-0
定价：68.00元

电话服务	网络服务
客服电话：010-88361066	机 工 官 网：www.cmpbook.com
010-88379833	机 工 官 博：weibo.com/cmp1952
010-68326294	金 书 网：www.golden-book.com
封底无防伪标均为盗版	机工教育服务网：www.cmpedu.com

前言　越理财，越富有

当前，很多人都发出感慨："钱都去哪儿了？"收入高的人没有存款，收入低的人负债消费，月光族群体日益庞大，信用卡刷爆成为常态，负债生活的现象日趋普遍。

理财，正在成为每个人绕不过的话题。

我们的人生需要规划，在规划中才能使自己不盲目、不空虚、不丧失目标。在我们的日常生活中极为重要的钱更需要规划，要想科学合理地规划，就必须进行理财。

理财是一门科学，可以让金钱合理有效地使用，创造出更多的财富。理财能够让我们现有的财产释放更多的能量，让"财生财"。

合理的理财尤为重要，它可以保证我们用现有的金钱创造出更多的财富，让我们游刃有余地安排自己的生活，实现自己的愿望。

理财是一门很深的学问，当深入其中并掌握其规律的时候，你会发现自己的消费及投资会变得井然有序。

有的人认为理财就是存钱，有的人认为理财就是记账，有的人认为理财就是投资股票，这些认知都过于片面和孤立，它们只是理财的一部分而不是理财的全部。理财涵盖记账、储蓄、消费、基金、股票等投资工具的应用、资产的分配和财富的管理等内容，广义的投资理财还包括开创自己的事业、对自身的投资等内容。

本书全面系统地讲解理财，帮助理财新人循序渐进地学习理财、实践理财。

理财的第一步是养成记账的好习惯。如果不记账，没有数据的累积，你就无法对自己的财务状况进行科学有效的分析。记账看似琐碎，却是对理财大有帮助的好习惯，它能帮你每个月省下不少的开支，让你把钱投入为未来幸福而理财的计划当中。

很多人都认为存款很简单，事实上存款也讲究搭配，只要你稍微动一下脑筋，利用一些储蓄小技巧合理地改变储蓄方式，就可以使利率翻倍，小钱变大钱。

理财的核心内容是投资，当前金融市场中的投资工具非常丰富，既有保本投资工具，也有低风险投资工具，更有高风险投资工具。理财者只有选择和自己风险承受能力匹配的投资工具，才能事半功倍，实现资产增值。

资产是一个雪球，只有开始滚动起来才有可能取得更大的收获。只有尽早地开始滚动这个雪球，才有可能从中获取更多的收益，实现财务自由。

本书穿插了190多张好看、有趣的原创手绘插图，读者可像看漫画书一样阅读本书，在轻松有趣的阅读中学习理财、应用理财。即使是毫无理财基础知识的人，也能在短时间内系统地学习理财知识。

第 2 章　理财前算算有多少净资产

有多少财可理？弄清资产和负债 / 025

三张表格算出净资产 / 030

做投资规划 / 033

第 3 章　理财的基本功：记账理财

从记账开始理财 / 037

记账的财务管理 / 042

四种记账方法帮你省钱理财两不误 / 045

第 4 章　由储蓄启动投资

储蓄开启理财之门 / 053

活期存款理财模式 / 056

定期存款理财模式 / 063

"准储蓄"——货币基金 / 070

随时随地储蓄——余额宝 / 076

简单易行的储蓄理财技巧 / 079

第 5 章 建立理财金字塔

何为理财金字塔 / 085
如何构建理财金字塔 / 087
理财金字塔的资金分配 / 093
人生各个阶段的理财金字塔 / 097

第 6 章 选择适合的投资工具

坚持投资，增加资产性收入 / 107
金融市场中的投资工具 / 111
保本投资工具 / 115
低风险投资工具 / 132
高风险投资工具 / 141

第 7 章 定投指数基金：普通人的投资利器

指数基金 / 161
指数基金中的指数 / 166
选择优质的指数基金 / 171
定投指数基金，获得超额收益 / 179

第8章 良性负债，越负债越富有

"负债"累累 / 185
不良负债，压力重重 / 188
使良性负债为我所用 / 192
管理负债 / 195

第9章 财务自由之路：创业攻略

创业，财务自由之路 / 201
创业的动机 / 202
创业的流程 / 209
创业的四个阶段 / 214
创业，请做好心理准备 / 218

附录 理财手账中的必备表格

第 1 章

由理财规划
开启理财之路

收入是河流,财富是水库,花出去的钱就是流出去的水,理财就是管理好这个水库,保持水库的充盈。

图解理财
零基础学理财

什么是理财

理财就是对财富进行系统地管理和规划,实现财产的合理安排和使用,有效地实现保值和增值。理财最终的目标是保证自己和子女的生活质量,并且积累财富。

到底要理哪些财富呢?理财包含四个方面的内容,它们分别是收入、支出、储蓄、投资。用一种形象的说法解释理财:收入是河流,财富是水库,花出去的钱就是流出去的水,理财就是管理好这个水库,保持水库的充盈。

理财包含四方面的内容

1. 收入

如何获取收入,如何合理分配收入,如何让自己的投资取得最高收益,都是理财的重要内容。

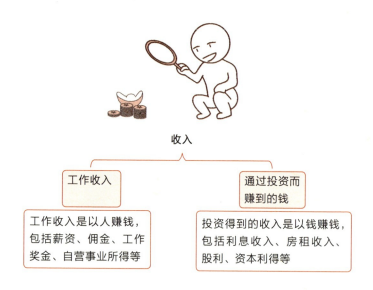

那么，这些钱怎么来分配呢？是有多少花多少还是全部攒下来，还是拿去做投资，这就要看你如何理财了。

对于收入不那么丰厚的普通人来说,更是需要懂得理财之道。理财得当,则"日进斗金",生活越来越好;否则,你可能"一穷再穷",永远成不了富人。

2. 支出

与收入相对应的是支出,包括生活支出(如衣、食、住、行、娱乐、医疗等家庭开销)、因投资所产生的本金支出及投资手续费等,以及负债(如贷款所产生的利息支出等)。

不管上述支出的项目是什么,从理财的角度来说,支出都可以分为固定支出和可变支出。

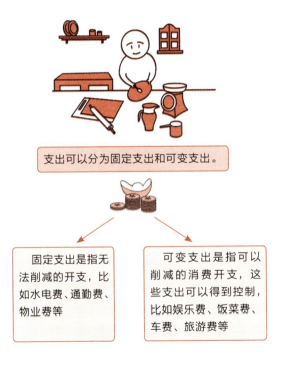

支出可以分为固定支出和可变支出。

固定支出是指无法削减的开支,比如水电费、通勤费、物业费等

可变支出是指可以削减的消费开支,这些支出可以得到控制,比如娱乐费、饭菜费、车费、旅游费等

衣、食、住、行、医疗、娱乐、教育、人际交往、旅游等可变支出是个无底洞，无论你有多少钱都能花个精光。合理使用可变支出的费用，并坚持执行，就可减少开支和不必要的浪费，通过理财就可以减少不必要的开支、增加节余。

3. 储蓄

当期的收入超过支出时，会有储蓄产生，每期累积下来的储蓄就成为资产，也就是可以用于投资并产生投资收益的本金。

从收入和支出两个维度看，增加储蓄有两个途径，一是增加收入，既要增加工作收入，也要增加投资收益；二是减少支出，可通过减少可变支出实现。

收入超过支出时会有储蓄产生，每期累积下来的储蓄就成为资产。

在资产中留有一部分预备金，以备失业或不时之需，其他的可以用来投资，以实现投资收益。

理财的过程就是对个人和家庭资产的优化配置,根据个人情况制定适合自己的个人理财规划,使各种资产的比例配置达到最优,发挥最大的效用。

4. 投资

投资就是通过有效地运用投资工具,使手中的储蓄保值增值,实现财富最大化。

当今时代,投资工具极大丰富,既有保守型的投资工具(如储蓄、国债),也有风险适中的投资工具(如基金、黄金),更有高风险投资工具(如股票、期货、融资融券等)。

理财要协调好收入、支出、储蓄和投资四个环节之间的关系,进而相互配合,以管理好现在和未来的现金流。

让资产跑赢通货膨胀,使自己在任何时候都有钱花。

理财的最终目的是实现财务自由,让自己生活幸福。

理财的正确方式

大多数人对理财存在错误理解,简单地将理财理解为投资赚钱,让财富增值。这体现出了一种急功近利的心态,反映出理财心态的不成熟。

理财和投资的区别在于,理财是一种战略,注重的是资产的布局,通过各种资产的互补以实现家庭财务的平稳发展。投资则是对战略的应用,是对理财规划的具体执行,它是理财的一部分。

有人认为理财等于打理钱财,有财才可以理,自己那点儿积蓄根本不够理财的资格,理财是有钱人的事。这种想法是极其错误的,工薪阶层才更需要理财。

因为对于有钱人来说,诸如子女教育、治病就医等在普通人看来非常重要的支出他们都能轻松解决,不会给家庭财务造成很大的负担。但是对于工薪阶层来说,面对教育、购房、养老等现实问题,在没有钱的情况下,他们更需要积极理财,增加资产性的收入,通过理财来实现资产的保值与增值。

越早着手理财越好,普通人应省下不必要的开支,及

第 1 章
由理财规划开启理财之路

理财既要考虑财富的积累,又要考虑财富的保障。投资只是实现理财目标的一种手段。

理财是一个系统规划,涉及人生目标的方方面面,贯穿整个人生。可以说,理财更是一种理念、一种生活方式。

早开始理财。

一些事业成功的高收入人士认为自己根本不必费心去理财,努力赚钱才是根本,赚多少花多少。

这其实是一个开源和节流的问题,理财本身就涵盖这两个方面,仅从开源方面理解也没有错,但是一个人再成功也不可能无限制地开源,在无法开源的情况下,就得压缩不必要的开支来达到自己的经济目标。在具备一定财富积累之后,财富保障是理财必不可少的部分。

另外,钱越多越需要打理,挣到手的钱更应该进行合理的投资和规划,这才能增强个人和家庭抵御意外风险的能力,也能使你的手头更加宽裕,生活质量才能更高。

很多人的理财渠道单一,会集中自己的财富投资一种产品。有些人会把钱全部投入股市,而有些人买了几套房子还想再买。

事实上,如果大部分钱都用来投资股票,则风险过高;而全部投资房产的话,也会使资产的变现能力降低。

要根据自己的风险承受能力,建立合理的资产配置,组合多元化才能分散风险。

人们在进行个人理财时,要进行多种投资组合,最适合普通家庭的投资组合是:40%银行储蓄、30%买债券、10%买保险、10%买股票、10%用于其他投资。

第 1 章
由理财规划开启理财之路

但这个投资组合的比例并不是固定不变的,对于不同的人来说,由于各自的财务状况不同,每个人的理财目标不一样,家庭责任不一样,风险承受能力也不一样,要因人而异地进行调整。

确定有多少财要理

理清个人的资产状况,知道自己有多少财要理,是理财最基本的前提。主要是将自身资产按有关类别进行盘点,弄清楚自己目前有多少资产、多少负债以及有多少预期收入。

其实这非常简单,尝试自己制作家庭财务报表,就会对自己的财务状况一目了然,同时对普通家庭合理安排收支也会非常有帮助。

一份简单的家庭理财报表,至少包括家庭资产负债表和家庭收支表。

家庭资产负债表可以使我们对家庭或个人整体的资产负债状况有一个清晰的了解;而收支表可以让我们对当月或当年的收入来源、支出项目一目了然,也可以让我们对当年的现金结余做到心中有数。

我们还可以在本年度收支表和以往年度收支表间进行比较,看看哪些收入减少了、哪些支出增加了,想想产生项目数额增减的原因,并考虑一下这些变化对自己或整个家庭生活的影响是正面的还是负面的,正面的影响在来年如何保持,负面的影响有多大,自己能否承受以及如何克服。总之,要积极扩大收入来源,减少或坚决避免不必要的支出。

家庭资产负债表

资产		负债	
现金及活期存款		信用卡贷款余额	
预付保险费		消费贷款余额	
定期存款		汽车贷款余额	
国债		房屋贷款余额	
企业债、基金及股票			
房地产		其他	
汽车及家电			
其他			
资产总计		负债总计	

理财目标

人在一生中必须要花的费用有很多,包括生活费用、住房费用、教育费用、父母养老金、医疗费用和退休费用等。要准备这样数额巨大、种类庞杂的费用,一定要先设定好明确的理财目标。

这一点非常关键,否则,我们的理财就是盲目的。然而现实中,许多人甚至不清楚自己在未来几年有一个什么样的目标。

理财目标包括短期目标和长期目标,短期目标比较容易想到,因为这是现实中急需实现的愿望;而长期目标通常是潜在的、不易想到的,需要我们静下心来好好考虑一番。

人一生的目标主要包括结婚计划、购房买车计划、养家计划、育儿计划、子女教育计划和退休养老计划。除此以外,当然还会有一些临时的计划,比如计划出国旅游、买一款最时尚的品牌手机等。只有将这些目标综合起来考虑,才能面面俱到,才能够合理支配我们的资金。

第 1 章
由理财规划开启理财之路

当我们将所有理财目标汇总后，就要尽量将理财目标进行细化和量化，即每月需投入多少资金、每年能获得多少收益。

这样，我们就可以将目标与现实的经济状况进行对比。如果差距太大，其实现的可能性就会很小，说明制定的理财目标不合理，需要对其进行调整。

一个理财目标不是一两天就能实现的，而是需要很长的时间才能完成，有的可能长达几十年才能实现。所以在确定好合适的理财目标后，就要将其按阶段进行划分，在大目标的基础上按时间顺序制定小目标。这样做，可以在理财过程中掌控目标的完成状况，还能因为完成阶段性目标而受到鼓励进而坚持下去。

设定理财期限

在决定进行一项投资前,我们应该考虑投资期限的问题。也就是说,我们打算什么时候将这部分投资变现,并应该据此为这些投资设定一个到期日。

理财目标有短期、中期和长期之分,不同的理财目标会决定不同的投资期限,而投资期限的不同又会决定不同的风险水平,所以要选择相应的投资工具。

如果你用一个长期的投资工具去实现短期理财目标,或是选择一个短期投资工具以期达到中长期理财目标,就会导致投资品种与预定的投资期限不匹配而无法达成自己的理财目标。

例如,三个月后要用的钱是绝对不能用来做高风险投资的,不过可以做一个七天通知存款,或者购买货币基金,而不要为了贪求高收益去冒险一搏,那样只会制约理财目标的实现。反之,三年后要用的钱如果不用来投资,而仅仅是放在银行里做定期存款,则会失去获得更高回报的机会。

第 1 章
由理财规划开启理财之路

找到恰当的投资工具，以便匹配自己的投资期限，从而更容易实现自己的理财目标。

与此同时，还需要考虑产品的流动性。流动性就是在不受损失的情况下将你的投资转变为现金的能力，变现损失越少，变现所需时间越短，产品的流动性越强。如果在市场价格很低的时候不得不变现自己的投资，那么损失也将是巨大的。所以，投资前必须明确了解自己在流动性方面的需求。

活期储蓄和定期存款的流动性最高，可以随时取现而没有任何本金损失。

国债的流动性低于储蓄存款。凭证式国债可以提前兑付,但需要支付提前支取手续费。

记账式国债也可以随时卖出,但收益(或损失)情况取决于当时的市场价格。

股票可以随时卖出,由于股价的波动比较大,所以不应该把股票投资作为实现短期理财目标的途径。

实物资产的流动性最差。

选择合适的投资工具

究竟选择何种投资工具，这可以根据自己的风险偏好和风险承受力两个方面来考量。

风险偏好指的是对风险的好恶，也就是你喜好风险还是厌恶风险。风险承受能力则是指一个人有多大能力承担风险，也就是你能承受多大的投资损失而不至于影响你的正常生活。风险承受能力要综合衡量，与个人资产状况、家庭情况、工作情况等都有关系。

风险偏好不等同于风险承受能力，风险偏好也不能决定一个人的风险承受能力。假如你愿意承受更多的风险，只能说明你是一个风险偏爱者，但这绝不等同于你具有较高的风险承受能力。

在生活中，大部分人由于缺乏专业理财知识，选择投资产品时容易跟着感觉走，往往只关注自己的风险偏好（喜欢买什么），而忽视了自己的风险承受能力（适合买什么）。

如果你在高收益的诱惑之下，根本不考虑自己的风险承受能力，投资一些完全不符合自身收益风险特征的理财产品，一旦出现风险，就将会给自己带来巨大的损失。

当你的某项投资产生风险、发生损失时，其他的投资可能带来收益，这样收益和损失就可以相互抵消，仍然能够获得平均水平的投资收益。

所以，为了分散风险以求达到最佳的收益，我们需要进行多元化投资。但是，人们往往存在一个错误的观念。就拿股市来说，有的人经常简单地认为分散投资就是将理财资金投资于"不同"的股票，其实"不同"准确地说是不同类的股票，而不是同类股票的不同只股票。对于其他理财产品，应该也是如此。

在理财过程中，必须对各种投资工具有所了解，才能够对其进行使用、挑选和组合。理财产品不同，收益也不同。

要挑选适合自己的投资工具,将财富按适合的比率合理分配,不要把鸡蛋放在一个篮子里。

投资理财是一个长期的过程,而我们选择投资工具时,也应该更加关注其长期收益状况。投资工具多元化可以有助于分散风险,但并不是种类越多越好。有些人贪图短期利益进行频繁操作,不断更换投资工具,这样做不仅风险大,而且频繁操作所导致的决策失误的概率也会大大增加。

频繁地转换投资工具还会增加机会成本和转换成本,因为在选择新的投资工具时必须以放弃原先投资工具所能带来的收益作为代价,这就是机会成本。

在投资工具转换前后存在一个时间差,在这个时间差内,投资工具是不会给我们带来任何收益的,这就是转换成本。

所以,在发现新的投资机会时,我们先要分析其成本和收益,更强调关注长期收益,从而达到我们的最终目标。

第 2 章

理财前算算有多少净资产

> 如果家庭净资产数额是正值,说明你的财务状况良好。如果家庭净资产数额是负值,说明你的财务状况不妙,得好好反省一下你的理财方式了。

图解理财

零基础学理财

有多少财可理?弄清资产和负债

理财,首先要弄清楚自己有多少财可理,你要做的是列出个人或者家庭的资产负债表。

资产负债表应该体现的内容主要有哪些方面,这是作为理财者必须了解和关注的。如果对负债表无法进行合理规划,对资产情况就无从了解,更无法做到科学合理地理财。要了解内容框架,这需要先问自己几个问题。

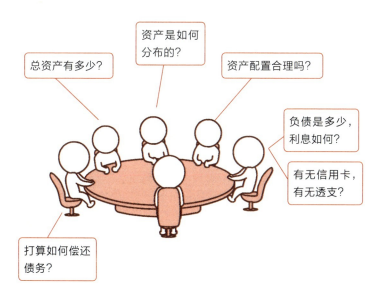

这些问题都是构成资产负债表的关键内容。

简单来说,资产负债表就是你家有多少资源可用、有多少负债还没有偿还,这是理财起码要搞清楚的事情。一个人的资产负债表或者净资产表是对他在某一时刻的财务状况的反映。

资产负债表显示个人或家庭所管理的资产,以及所承担的一切债务。有好多人连自己有多少资产都不太清楚,有多少债务也不甚了解,这肯定是理不好财的。

1. 资产

具体来说,家庭或个人拥有的资产通常包括以下方面。

金融资产或生息资产	个人使用或者自用资产	奢侈资产
能带来利息或者能在退休后进行消费的资产。这些是在个人财务规划中最重要的,因为它们是实现家庭财务目标的基础	我们每天生活都要使用的资产	个人喜好的,但不一定是必需的资产。与个人使用资产的区别在于奢侈资产的价值更高

有的学者按照流动性大小将资产划分为流动资产、投资、不动产等。作为个人，可以按照自己的实际情况设计个人或家庭的资产表。

可以将自己的所有资产按照以上三个方面进行分类，继而完成资产清单。这样可以对自己的资产情况有一个深入的了解，这是进行资产负债表细化的一个重要步骤。

资产清单的内容

金融资产或生息资产	自用资产	奢侈资产
金融机构的存款、退休储蓄、预期税务返还、养老金、股票、基金、期权期货商品、不动产	汽车、家具、衣物、化妆品、家居用品、家庭维护设备、五金、健身运动器材、电视机、音响、录像机	珠宝、度假之用的房产和别墅、有价值的收藏品

2. 负债

在弄清楚自己的资产价值之后，自己的负债情况也就相应地明了起来了。因为经过对个人资产情况的梳理，负债就很容易算清了，同时理财的目的也就更加明确了。

负债指的是个人或家庭欠的所有债务。

负债一般分为流动负债和长期负债，当然也有一种分法是将负债分为短期负债、中期负债与长期负债，大致是以如下标准进行划分的。

负债的分类

流动负债/短期负债	中期负债	长期负债
一年内要偿还	一至五年内要偿还	还款期超过五年

流动负债一般是指信用卡、欠款等需要短时间内进行偿还的债务。而需要中长期还款的有各类消费贷款,例如汽车贷款、装修贷款、大额耐用消费品贷款等。当然,还有住房按揭、投资贷款、助学贷款、抵押品以及其他按揭等。

清楚资产和负债所涵盖的内容后,我们可以编制一份数据真实的资产负债表,算清楚自己到底有多少净资产。

三张表格算出净资产

当然,在编制资产负债表之前,还要编写每月收支表、年度资产总结表和资产负债表。

也就是说,可以依据这三张表格计算净资产。这三张表格不但在计算净资产时能派上用场,在做理财规划时也能派上用场。

可以说,这三张表格是很有用的理财工具。建议读者把它贴在案头,每个月填写,它能帮助你监控现金的流向。

每月收支表

每月收入	每月支出
本人收入＿＿＿＿＿＿ 配偶收入＿＿＿＿＿＿ 其他家人收入＿＿＿＿＿＿ 投资获利＿＿＿＿＿＿ 合计＿＿＿＿＿＿	房贷或房租＿＿＿＿＿＿ 生活开销(衣、食、行、通讯) ＿＿＿＿＿＿ 娱乐费＿＿＿＿＿＿ 医疗费＿＿＿＿＿＿ 子女教育费＿＿＿＿＿＿ 赡养老人费＿＿＿＿＿＿ 其他支出＿＿＿＿＿＿ 合计＿＿＿＿＿＿
每月结余(收入−支出)＿＿＿＿＿＿	

第 2 章
理财前算算有多少净资产

年度资产总结表

年度收入	支出
年终奖金或红利_____	房贷或房租支出_____
存款总额（本利总和）_____	教育支出_____
证券投资获利_____	医疗支出_____
其他投资获利_____	日用消费支出_____
其他收入_____	
收入总计_____	支出总计_____

每年结余（收入－支出）_____

资产负债表

家庭资产	家庭负债
现金_____	房屋贷款_____
存款（本利总和）_____	汽车贷款_____
证券投资本金与获利_____	信用卡消费贷款_____
房地产（自用）_____	其他贷款_____
房地产（投资）_____	欠款_____
其他_____	其他_____
资产总计_____	负债总计_____

净值（资产－负债）_____

例如，一个家庭的净资产为89.68万元，总资产是108万元，那么该家庭的偿债比率就是89.68÷108=0.83，说明该家庭即使在经济不景气时也有能力偿还所有债务。

一般该项数值应该高于0.5为宜。如果太低，说明生活要靠借债来维持；如果很高，接近1，说明还没有充分利用自己的借款能力。

同理，负债比率应低于0.5，而投资比率（投资资产/净资产）应保持在0.5以上，以保证家庭通过投资增加财富的能力。当然，年轻家庭的该指标在0.2左右就可以了。

通过以上计算，你就能知道自己的"家底"，知道是否有余钱进行投资，以及如果投资，能投资多长时间。

如果家庭净资产数额是正值，说明你的财务状况良好；如果家庭净资产数额是负值，说明你的财务状况很不妙，就得好好反省一下你的理财方式了。

做投资规划

计算出有多少钱可以用于投资理财就万事大吉了吗？当然不是，在你确定投资之前还要先做个财务计划。通过制订财务计划，你可以清晰地看到有多少余钱可以用来投资，可以从总资产中分配多少资金用于投资。

制订财务计划很简单，按以下五个步骤就能制订一个完整的财务计划。

（1）计算出你的总资产数额。

（2）计算出你的支出数额和所需的应急储备费用。

（3）计算出你的净资产数额，即用总资产数额减去支出数额和应急储备费用就是你的净资产。一项项地写出资产和负债，然后用资产减去负债，算出家庭净资产数额。

（4）设定你的投资收益目标和投资成本。所谓投资收益目标，就是你设定的投资收益率是多少。例如，有的保守投资者追求资产保值，希望投资收益率与通货膨胀率持平即可，有的激进投资者希望投资收益率为30%以上，有的稳健投资者希望投资收益率略高于通货膨胀率即可。所谓投资成本，就是你愿意动用多少净资产来投资。

（5）根据财务计划启动投资。

以上五个步骤从理论上说很容易，但在现实中做起来很难，因为我们很容易忘记日常支出究竟占了收入的多少份额。更大的难度在于制订财务计划不是一朝一夕的事，它需要每个月定期做，每个月计算出净资产，并根据净资产随时调整投资计划。

投资贵在坚持，制订并履行财务计划也贵在坚持！

第 3 章

理财的基本功：
记账理财

图解理财
零基础学理财

从记账开始理财

理财的第一步是养成记账的好习惯。记账可以让你发现自己是不是花了不该花的钱,还可以让你知道每个月手头的钱流向了哪里。记账能够帮助你从实际出发改善生活。越早养成记账的习惯,就越早能改变自己的经济处境。具体来说,记账可以在四个方面帮助你理财。

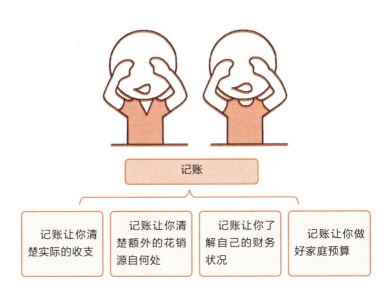

1. 收支心中有数

现实生活中,很多人都会发出感叹"钱都去哪儿了",特别是年轻人更是对此感慨良多。而这些人大多没有记账的习惯。没有钱就开始冥思苦想,回忆开销的点滴,却不知道钱花在哪了。

个人理财的目的是为了实现财务自由,可现实的情况却是很多人对自己的资金流向无法做到心中有数。

当你开始拿起笔记账,就会情不自禁地计算今天用了多少钱、明天还要用多少钱等。

第 3 章
理财的基本功：记账理财

记账能让你清楚自己的实际经济收支，每个月有多少收入、多少花费、存下多少钱，看一看自己的账目就清楚了。

通过记账，你就会感觉家庭的经济大权并不好掌握，必须得花点工夫才行。

记账对于女性尤其重要，因为大多数女性都爱购物。赶上超市、商场打折，就买一堆不太需要的东西，钱就这么用光了。通过记账，就可以反映出购买的东西是否需要。这样才能改掉不良的消费习惯，防止开销无度、大手大脚。

记账理财能帮自己把辛苦挣的钱花在刀刃上，减少不必要的浪费。

2. 财务状况一目了然

记账是了解自己财务状况的好办法。逐笔记录每一笔收入和支出，并在每个月底做一次汇总，时间一长，就对自己的财务状况了如指掌了。

记账还能对自己的支出做出分析，了解哪些支出是必需的、哪些支出是可有可无的，从而更合理地安排支出。花钱如流水的人如果能够学会记账，相信到月底就不会度日如年了。

现在已经进入信用卡时代，在日常消费时，能用信用卡就尽量刷卡消费，通过银行的月结单可以帮助你记账。

3. 家庭预算更合理

记账的间接作用就是为各项支出做出更加合理的预算，让你尽早拥有让"钱生钱"的资本。

在分析哪些账目是合理的、哪些是不合理的之后，不仅可以对支出和收入做一个简单的控制，还可以做一下财务预算。

每个月末对支出合理地筹划之后，你可以拿出一定比例的资金用来进行投资或是作为预留投资款项。对自己的账目收支做出分析，了解哪些支出是必需的，哪些支出是可有可无的，从而更合理地安排支出。

第 3 章
理财的基本功：记账理财

支出预算

必要支出预算

　　必要支出预算包括房租和房贷、水电费、子女教育费等必须支出的费用，这些费用是不能控制的预算

可调控预算

　　可调控预算包括用于交际、交通等可以控制的费用，对这些费用的支出，可以进行合理地筹划，使每月可用于投资的余钱稳定在同一水平，这样才能更快捷、更高效地实现理财目标

记账的财务管理

记账看似是一件很简单的事情,但操作起来却并不容易,特别是每一笔都记,实际生活中是很难做到的。

1. 对收入、支出进行分类

进行财务管理,首先要对收入、支出进行分类,并且一定要仔细。只有这样,收支情况才会一目了然,也便于以后分析。

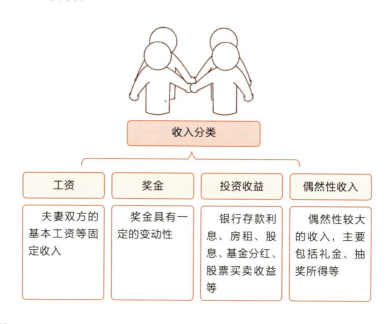

第 3 章
理财的基本功：记账理财

支出分类

固定费用	日常家庭消费	投资性支出	偶然性支出
包括较为固定的支出，比如房租或房贷月供、物业费、水电费、电话费、手机费等日常费用	包括家庭食品支出、服饰支出、医疗费用、教育支出、娱乐消费	储蓄，包括每月活期存款、定期存款，购买股票、基金、债券	不经常性的且变化较大的支出，例如礼金支出、旅游支出、培训支出等

2. 合理分析账单

对自己的记账账单进行合理性分析，找出不合理的支出。对于金额过大的消费要加以控制，在之后的日子里要减少开支；对于应该支出而没有支出或是支出过少的项目，以后要加大支出，比如家庭教育、书籍之类的消费过少，并且已经影响到了工作能力的提高，那么就有必要增加预算支出。

除了采用常规的记事方法记账之外，也可以用比较直接、实用的记账表单。表单的内容可以根据自己的实际情况设计并填写。

记账清单

	收入					支出				
	工资	奖金	投资收益	偶然性收入	其他	固定支出	日常消费	投资性支出	偶然性支出	其他
合计										

四种记账方法帮你省钱理财两不误

我们的生活大部分都是柴米油盐酱醋茶这些琐碎的小事,如果采用流水账的记账方法,容易造成混乱,记录工作十分枯燥,而且量也大。所以,记账时要讲究方法,让自己的记账卓有成效。

记账并不是一件小事,它有着很高的技术含量。记账不应该是简单罗列,还要有一套较好的记账方法。通过一定的明细归类,让人一翻账本就能清楚收支的去向。

这里提供几个较为专业的理财记账方法,助你进行合理的家庭记账,以达到省钱、理财的目的。

1. 手机 App 记账

用手机 App 记账方便快捷,成为当下人们主流的记账方式。

App 记账的好处显而易见:一是可以随时随地进行记录,在一笔消费后可以立即将支出记录到 App 中;二是自动生成每月报表,让你清楚地知道每个月把钱都花哪了、哪一笔消费最多等；三是具有可追溯性，通过搜索可以知道自己在哪一天花了哪笔钱。

工欲善其事，必先利其器。选择一款好用的记账软件可以提高记账效率。

目前，记账 App 主要分为两大类。

第一类是以挖财、随手记等为代表的生活消费类记账 App，记录的是个人、个体户、小微企业的消费开支。

第二类是以网易有钱、同花顺投资账本等为代表的资产记账，记录所购买的理财产品，如基金、股票等，以及公积金、保险等。

消费类记账 App 已经发展了六七年时间了，功能完善，使用起来十分方便；而资产类记账尚在起步阶段，许多平台都还不完善。

在手机 App 上记账，有的人选择封闭式记账，即记账内容只有自己能看到。有的人则选择公开记账内容，把自己的开支在网上公布，一些热心的网友看到就会提醒你在某方面花钱过多了。这无疑是一个很好的记账方式，可以有效地提高记账的效率。有时候网友还会告诉你什么商品买贵了，在哪些商场或店铺买会更便宜。

手机 App 记账虽然简单，不用花时间做一些表单，但它也有一个缺点，即存在一定的网络安全问题，理财者应尽量避免在软件上存储个人重要信息。如果担心个人信息泄露，可以选择传统的记账方法，在本子上记录。

2. 自制记账本：两栏记账

用笔在本子上记录，需要自己设计一个简单的记账表格，我推荐使用两栏记账法和多栏记账法。

两栏记账法就是把记账表分为两栏，一栏是储蓄，另一栏是消费。

刚开始运用此方法记账时，可能因为计划不合理，会经常动用储蓄的钱。但随着对消费的逐渐控制，可以做到完全不用储蓄栏的钱。这样，慢慢地就会有余钱用于储蓄。

两栏记账法

储蓄	消费

3. 自制记账本：多栏记账法

多栏记账法是一种更为细致的分类方法，就是把记账表分为很多栏，包括储蓄栏和衣、食、住、行、娱乐费用等消费栏。

直接点说，多栏记账法就是把你的消费分成很多项，单项费用超支就需要从其他费用中支出，直至养成习惯，不动用储蓄为止。

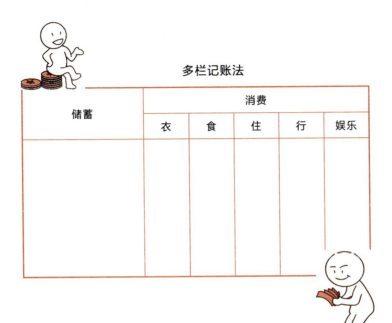

4. 简单易行的方法：流水账记账法

如果你不想花费过多的时间和精力进行记账，那就用流水记账法简单记录收入和消费情况。

流水账记账法就是按照时间、项目、数额逐一记录，并标注采取何种方式付款，是付现、刷卡还是借贷。

例如，7月1日，购买一条裙子，500元，用中信信用卡支付。

7月2日，超市购买生活用品，278元，用中信信用卡支付。

7月8日，吃饭，360元，用现金支付。

流水记账法的优点是简单、方便，随时记录；缺点是不便于计算收支，无法有效监控消费支出的合理性，更无法有效做出财务预算。

一定要坚持记账，绝不能半途而废。记账最大的敌人就是半途而废。

让记账变成像每天早晚刷牙一样的生活习惯。习惯的培养没有捷径，只有借用时间的力量，才能慢慢地习惯于此。

第 4 章

由储蓄启动投资

储蓄既可以避免乱消费,又可以使我们有资金开始走上理财之路,进行个人财富管理。

图解理财
零基础学理财

储蓄开启理财之门

要想启动钱赚钱模式，首先得有本金，没有本金一切的理财活动都是奢谈。可以说，储蓄是积攒本金的有效途径。

对于月光族而言，储蓄可以规避乱消费，同时可以开启滚雪球理财之门，以更好地实现财务自由。

养成储蓄的习惯可以将一些不起眼的"小钱"积攒起来，经过日积月累能够获得的收效有可能是自己都想象不到的。

丰厚的储蓄可以应付不时之需，在特定危机情况下帮我们从容渡过危机。不懂得储蓄的重要性，在面临"饥荒"的时候，就会被"杀"得措手不及。

每个月看似不起眼的几百元储蓄,日积月累,聚沙成塔,就变成了一笔巨款。如果再使用一些储蓄技巧,这笔储蓄将会利滚利地跑起来,变成以钱赚钱。

通过储蓄,能够积攒一定数量的金钱。

只有拥有了一定数量的金钱,才能够有本金去理财。因此,储蓄是理财的基础,也是通向理财道路的第一步。

第 4 章
由储蓄启动投资

试想一下，如果我们身无分文，那么一切投资工具对我们而言都是没有意义的，更不存在如何理财的问题。

对许多家庭而言，每个月拿出一定数量的收入存入银行，一点也不困难，困难的是如何养成这样一个习惯。

大银行家摩根曾经说过："我宁愿贷款 100 万元给一个品质良好且已经养成储蓄习惯的人，也不愿贷款 1 000 元给一个品德差且花钱大手大脚的人。"可见，养成储蓄的习惯不仅能够给自己积累一定的财富，更重要的是养成节约、有计划开支的意识，这是学习理财技能的第一步。

储蓄是一件极其需要毅力的事情，要知道，现代社会中各种新奇事物不断涌现，诱惑越来越多。需要花钱买的东西越来越多，而有存款意识的人却越来越少。

能够养成坚持储蓄习惯的人，往往自制力更强，意志力更坚定，做起事来在细节方面的把控力度更强。所以无论是在生活还是工作中，懂得储蓄的人常常更能获得他人的信赖。

活期存款理财模式

储蓄是理财的基础,最大的优点就是本金安全,有利于我们培养理财意识、养成理财习惯,最大的缺点就是收益率低。大部分人学习了如何投资基金和股票,却忘了认真学习如何储蓄。

作为入门级的理财品种,储蓄当然也需要学习。假设储蓄和股票、基金一样,存在亏损本金的风险,那么我相信绝大部分人都会认真学习储蓄知识。大部分的理财书和理财培训课也会系统地讲解如何储蓄。

在系统讲解储蓄之前,我们先来厘清两个基本理念。

(1)储蓄不仅仅指银行储蓄,现在对储蓄定义更为宽泛,这里把货币基金和余额宝也归为储蓄大家族中。银行储蓄、货币基金、余额宝是储蓄的三种形式,它们各有优劣,可以互为补充使用。

第 4 章
由储蓄启动投资

（2）储蓄绝不是将一笔钱放入银行便高枕无忧这么简单，储蓄有很多技巧，操作得当，既能积攒投资理财的本金，又能让本金的收益最大化，为日后的滚雪球式理财奠定基础。

讲储蓄，必然首先从银行储蓄开始讲起。银行储蓄是书面语，口语讲就是存钱，存款分为活期存款和定期存款。

活期存款是指不规定期限，可以随时存取现金的一种储蓄方式。活期存款非常灵活，可随时存入、随时取出。

大多数人的日常生活开销都用工资卡里的钱支付，至于卡里的余额如何规划管理，则很少考虑。这样做的人还没有建立理财意识，更别说以滚雪球方式理财实现财务自由了。

那么，活期存款如何进行理财呢？

我们从活期存款的优点和缺点两个方面来讲，活期存款最大的优点就是灵活，随取随用，最大的缺点就是利率低。通过活期存款理财要发挥其灵活性强的优势，规避其利率低的劣势。

把未来三个月要使用的现金存为活期存款，其他现金则可以存为定期存款或者投资货币基金。

一般情况下,以下三类资金可用作活期存款。

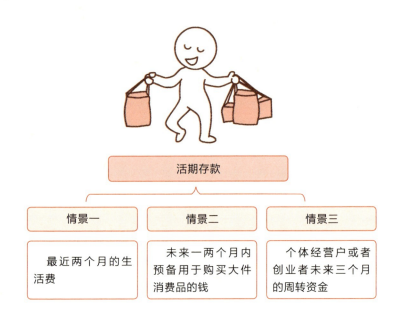

活期存款

情景一:最近两个月的生活费

情景二:未来一两个月内预备用于购买大件消费品的钱

情景三:个体经营户或者创业者未来三个月的周转资金

除以上三种情况要用到的钱以外,活期存款里都要转存为定期存款,让闲钱产生更多的利息收入,此时要充分使用银行的活期转定期存款和定活两便这两项服务。

活期转定期存款是一个储蓄的基本技巧,如使用得当,既可以保证日常开销正常运转,又可以让钱发挥最大的效用。

以工商银行为例展示储蓄的利率,目前银行提供的定期存款及其利率有以下几种。

定期存款种类

项目	年利率(%)
整存整取	
三个月	1.35
半年	1.55
一年	1.75
二年	2.25
三年	2.75
五年	2.75
零存整取、整存零取、存本取息	
一年	1.35
三年	1.55
五年	1.55

活期转定期存款：可将活期存款转存定期，共分三个月、半年、一年、二年、三年和五年等六档期限，以存款日挂牌定期存款利率计息。

有些定期存单如大额存单在到期前，存款人如果需要资金，可以在市场上转让给其他储户；有些定期存单不能转让，如果存款人选择在到期前从银行提取资金，需要向银行支付一定的费用。

对于未来一两个月内预备用于购买大件消费品的钱，可以存入活期存款。但是如果这笔钱金额巨大，存入活期存款就是巨大的浪费。这时候，通知存款就可以派上用场了。

通知存款是指在存入款项时不约定存期，支取时提前几天通知银行，约定支取存款日期和金额的一种个人存款方式。

通俗的解释就是：把钱存入银行，需要用钱时提前七天或者提前一天告知银行，利率高于同期活期存款利率。

通知存款是按照存款人选择的提前通知的期限长短进行划分的，包含一天通知存款和七天通知存款两个品种。其中一天通知存款需要提前一天向银行发出支取通知，并且存期最少需要两天；而七天通知存款需要提前七天向银行发出支取通知，并且存期最少需要七天。

通知存款和活期存款的年利率

储蓄种类	年利率（%）
活期存款	0.3
一天通知存款	0.55
七天通知存款	1.1

上表列举的是中国工商银行的存款利息，七天通知存款的年利率比活期存款的年利率高 0.8%。假如你的活期存款里有 30 万元，计划下个月用来买车，把这笔钱存为通知存款，显然比活期存款更划算。

通知存款堪称活期存款的最佳补充，活期存款和通知存款搭配使用，可以使暂时不用的闲钱最大化地获取收益。

图解理财
零基础学理财

通知存款设置了最低存入门槛,最低起存金额为人民币 5 万元,外币等值 5 千美元。为了方便操作,存款人可在存入款项开户时即可提前通知取款日期或约定转存存款日期和金额。

通知存款需一次性存入,可以一次或分次支取,但分次支取后账户余额不能低于最低起存金额。当低于最低起存金额时,银行将予以清户,转为活期存款。

定期存款理财模式

定期存款并不是将一笔钱放入银行便高枕无忧这么简单,而是囊括了多种存储方式。定期存款包含整存整取、存本取息、零存整取和整存零取等,这四种定期存款方式的利息有很大的差异,下表是中国工商银行的四种定期存款的利息对比。

定期存款利息对比

存期	整存整取利率(%)	零存整取、整存零取、存本取息的利率(%)
三个月	1.35	没有三个月存期
半年	1.55	没有半年存期
一年	1.75	1.35
二年	2.25	没有两年存期
三年	2.75	1.55
五年	2.75	1.55

下面详细讲解这四种定期存款的优劣。

1. 整存整取

整存整取是指开户时约定存期、整笔存入,到期一次整笔支取本息的一种个人存款方式。

整存整取人民币50元起存,外汇整存整取存款起存金额为等值人民币100元的外汇。另外,存款人提前支取时必须提供身份证件,代他人支取的不仅要提供存款人的身份证件,还要提供代取人的身份证件。

整存整取的存款方式只能进行一次部分提前支取,计息按存入时的约定利率计算,利随本清。整存整取存款可以在到期日自动转存,也可到期办理约定转存。

整存整取的具体情况表

项目	内容描述
起存点	人民币50元起存
提前支取	整存整取的存款方式只能进行一次部分提前支取,计息按存入时的约定利率计算,利随本清
人民币存期	人民币存期分为三个月、半年、一年、二年、三年、五年等六个档次
外币存期	外币存期分为一个月、三个月、半年、一年、二年等五个档次

2. 存本取息

存本取息是指在存款开户时约定存期、整笔一次存入，按固定期限分次支取利息，到期一次支取本金的一种个人存款方式，一般情况下是 5000 元起存。

这种存款方式可一个月或几个月取息一次，存款人可以在开户时约定支取限额内多次支取任意金额。

存本取息的方式中，利息按存款开户日挂牌存本取息利率计算，到期未支取部分或提前支取按支取日挂牌的活期利率计算利息。

存本取息的具体情况表

项目	内容描述
起存点	存本取息的起存金额为 5000 元，其开户和支取手续与活期储蓄相同
提前支取	存本取息方式中利息按照存款开户取息利息计算，可以在约定支取限额内多次取息
人民币存期	存本取息方式的存期分为 1 年、3 年、5 年

存本取息存款方式的开户和支取手续与活期储蓄相同，提前支取时与定期整存整取的手续相同。

3. 零存整取

零存整取是指开户时约定存期，分次每月固定存款金额，到期一次支取本息的一种个人存款方式。

这种存款方式与开户手续与活期储蓄相同，只是每月要按开户时约定的金额进行续存。储户提前支取时的手续比照整存整取定期储蓄存款有关手续办理。一般情况下，零存整取 5 元起存，每月存入一次，中途如有漏存，应在次月补齐，计息按实存金额和实际存期计算。

零存整取的存期分为一年、三年、五年。利息按存款开户日挂牌零存整取利率计算，到期未支取部分或提前支取按支取日挂牌的活期利率计算利息。

零存整取适用各类储户参加储蓄，尤其适用于低收入者生活节余积累成整的需要。存款开户金额由储户自定，每月存入一次，中途如有漏存，可于次月补存，但次月未补存者则视同违约，到期支取时对违约之前的本金部分按实存金额和实际存期计算利息；违约之后存入的本金部分，按实际存期和活期利率计算利息。

4. 整存零取

整存零取是指在存款开户时约定存款期限、本金一次存入，固定期限分次支取本金的一种个人存款方式。

零存整取的具体情况表

项目	内容描述
起存点	零存整取 5 元起存，每月存入一次，开户手续与活期储蓄相同
提前支取	零存整取每月要按开户时约定的金额进行续存，中途如有漏存，应在次月补齐
人民币存期	零存整取的存期分为一年、三年、五年

整存零取的具体情况表

项目	内容描述
起存点	整存零取为 1000 元起存，开户手续与活期存款相同
存期与支取	整存零取开户时约定存款期限，在固定期限内分次支取本金
支取期	整存零取的支取期分一个月、三个月及半年一次，可由存款人与营业网点商定

整存零取中，利息按存款开户日挂牌整存零取利率计算，于期满结清时支取。

到期未支取部分或提前支取，按支取日挂牌的活期利率计算利息，存期分一年、三年和五年。

5. 定活两便

定活两便的存款方式是指在存款开户时不必约定存期，银行根据客户存款的实际存期按规定计息，可随时支取的一种个人存款方式。

中国工商银行对定活两便的利率计算标准是：按一年以内定期整存整取同档次利率打 6 折。这里涉及一个关键词：一年以内整存整取，这是定期存款的一种储种，是指储户整笔存入，到期一次整笔连本带息取出。

这里以中国工商银行为例，对比活期存款和一年整存整取的利率。

活期存款和一年整存整取利率对比

储蓄种类	年利率（%）
活期存款	0.3
整存整取（一年）	1.75
定活两便	1.05

定活两便的年利率和活期存款的年利率差了 0.75%，利息差比较大。很显然，如果不设置定活两便，相当于活期存款在偷懒、怠工，没有为我们的财富添砖加瓦。

定活两便 50 元起存，开户时不必约定存期，由银行根据储户实际存期按规定计息，可以随时支取。

定活两便的利率

存款时间	利率
不足三个月的	利息按支取日挂牌活期利率计算
存期三个月或三个月以上且不满半年的	利息按支取日挂牌定期整存整取三个月存款利率打 6 折计算
存期半年或半年以上且不满一年的	整个存期按支取日定期整存整取半年期存款利率打 6 折计息
存期一年或一年以上，无论存期多长	整个存期一律按支取日定期整存整取一年期存款利率打 6 折计息

"准储蓄"——货币基金

储蓄不仅仅只有银行存款这一种方式，货币基金也是一种储蓄方式，可以和银行存款搭配使用。

什么是货币基金呢？货币基金是一种开放式基金，由基金管理人运作，主要投资于短期货币工具，如国债、央行票据、商业票据、银行定期存单、政府短期债券、企业债券、同业存款等短期有价证券。这些有价证券是高安全系数和稳定收益的投资品种，所以投资货币基金不会出现亏损本金的风险，因此货币基金被称为准储蓄。

相对于银行存款，货币基金具有非常大的优势，既有活期存款的灵活性，又有高于一年定期存款的收益率。

目前，微信理财通和支付宝都提供了货币基金，如华夏现金增利货币 A/E 的年化收益率达到 4.86%，远远高于银行定期存款的利率。

第 4 章
由储蓄启动投资

货币基金　　近七日　近一月　近三月　更多

华夏现金增利货币A/E

4.8600%　　随买随取 最快当天到账

近七日年化　　万份收益0.7926元 | 低风险 | 1分起购

汇添富全额宝

3.4450%　　随买随取 最快当天到账

近七日年化　　万份收益2.2159元 | 低风险 | 1分起购

华夏财富宝

3.0120%　　随买随取 最快当天到账

近七日年化　　万份收益0.7808元 | 低风险 | 1分起购

汇添富现金宝货币

2.8910%　　随买随取 最快当天到账

近七日年化　　万份收益0.7060元 | 低风险 | 1分起购

工银现金快线

2.8250%　　随买随取 最快当天到账

一般来说，货币基金具有以下五个优势。

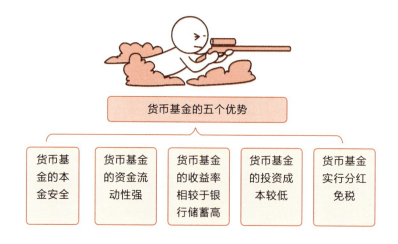

货币基金的五个优势：货币基金的本金安全／货币基金的资金流动性强／货币基金的收益率相较于银行储蓄高／货币基金的投资成本较低／货币基金实行分红免税

1. 货币基金的优势

第一，货币基金的本金安全。货币基金主要投资一些高安全系数和稳定收益的投资品种，这决定了它在开放式基金中投资风险是最低的。虽然货币基金合约中会提示有亏损本金的风险并且不保证本金的安全，但基金的性质决定了货币基金在现实中极少发生本金的亏损。

第二，货币基金的资金流动性强，可与活期存款相媲美。基金买卖方便，资金到账时间短，流动性很高，一般基金赎回一两天资金就可以到账。目前，已有基金公司开通货币基金即时赎回业务，当日可到账。

例如，余额宝与支付宝绑定，快速转出到账时间为 2 小时之内，普通转出到账 T+1 日到账。下一节，我们将会讲解余额宝这只特殊的货币基金。

微信理财通里提供的货币基金，如汇添富全额宝、嘉实现金添利等，快速转出 5 分钟内到账，普通转出 T+1 日到账。

货币基金可以非常灵活地买入与卖出，在大部分时候可以视为活期存款的替代产品。

第三，货币基金的收益率较高。前文说了，货币基金的收益率高于一年定期存款的收益率。不仅如此，货币市场基金还可以避免隐性损失。当出现通货膨胀时，实际利率可能很低甚至为负值，货币基金可以及时把握利率变化及通胀趋势，获取较高的稳定收益。

第四，货币基金的投资成本较低。买卖货币基金一般都免收手续费，认购费、申购费、赎回费都为 0，资金进出非常方便，既降低了投资成本又保证了流动性。

第五，货币基金实行分红免税。货币基金收益按天计算，每日都有利息收入，投资者享受的是复利，而银行存款只是单利。货币基金每月分红结转为基金份额，分红免收所得税。

除了以上五个优势以外，一般货币基金还可以与该基金管理公司旗下的其他开放式基金进行转换，高效灵活、成本低。股市好的时候可以转成股票型基金，债市好的时候可以转成债券型基金，当股市、债市都没有好机会的时候，货币基金则是资金良好的避风港，投资者可以及时把握股市、债市和货币市场的各种机会。接下来我们将会讲解货币基金的投资攻略。

2. 货币基金投资技巧

如果说储蓄为我们开启了理财之路，那么货币基金可以帮我们建立投资习惯。货币基金安全灵活，理财新人可以用货币基金来练手，学习理财的入门知识以及练习理财的基本操作：选择高收益率理财产品买入、持有，在合适的时机卖出。

要买入货币基金，首先要考虑的就是收益率问题。

货币基金的收益率有两个参考指标，即每万份收益和七日年化收益率。

每万份收益的意思就是每 1 万份货币基金份额当天可以获得的一定数额收益；七日年化收益率是指平均收益折算成一年的收益率。

通常用七日年化收益率评价一只货币基金的长期收益能力,七日年化收益率较高的货币基金,获利能力也相对较高。

微信理财通里提供了十几只货币基金,虽然收益率适中,但是通过微信通投资货币基金非常方便快捷,适合入门的理财新人和计算机操作不熟练的老年人。

除了收益率,选择货币基金还需要注意一个重要问题:应优先考虑老基金,因为经过一段时间的运作,老基金的业绩已经明朗化了,而新发行的货币基金能否取得良好的业绩,还需要时间来验证。

货币基金作为储蓄的替代产品,打理活期资金、短期资金或一时难以确定用途的临时资金,对于一年以上的中长期不动资金,则应选择国债、债券型基金、股票型基金等收益更高的理财产品,更大化地进行滚雪球式理财,让本金产生更多的收益。在后面的几章中,将会详细讲解国债、基金等的投资原理和投资方法,帮助读者尽快学会理财。

随时随地储蓄——余额宝

余额宝于 2013 年 6 月推出，是蚂蚁金服旗下的余额增值服务和活期资金管理服务产品，基金管理人是天弘基金。

从本质上来说，余额宝也是一种货币基金。前面已经讲了货币基金，为什么还要把余额宝单列出来重点讲解呢？因为余额宝与支付宝绑定，除理财功能外，余额宝还可直接用于购物、转账、缴费还款等消费支付，非常高效便捷，是移动互联网时代的一种现金管理工具。

余额宝对接的是天弘基金旗下的余额宝货币基金，特点是操作简便、门槛低、零手续费、可随取随用。

余额宝里的钱能直接用于消费，是余额宝与其他货币基金最大的不同之处。除此之外，余额宝和其他货币基金的功能一样，闲钱转入余额宝能产生收益。与银行存款的方式相比，余额宝的收益更高，过程也更为便捷。

余额宝的年化收益率高于一年期银行存款，通过二者的收益率比对图，可以直观地感受到余额宝的收益水平。

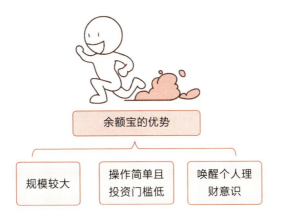

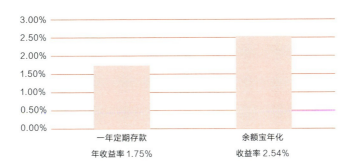

在货币基金这个大家庭里,余额宝的收益率居于什么水平呢?属于中下等水平。例如,微信理财通里提供的华夏现金增利货币 A/E 的年货收益率是 4.86%,远高于余额宝。

理财新人可以把余额宝作为入门工具,由余额宝开始入手学习货币基金的投资攻略。

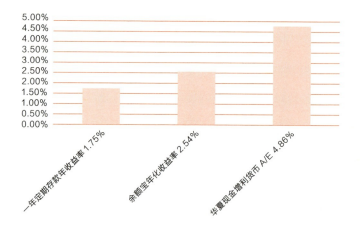

　　银行储蓄、货币基金和余额宝是储蓄的三种模式,三者各有优劣。在进行储蓄理财时,千万不要局限于某一个产品,要互为补充使用。

　　中长期理财选择银行三年定期储蓄和银行五年定期储蓄,一年以内的短期理财可以选择余额宝和货币基金,日常使用的闲置现金可以存入余额宝或者活期储蓄。

　　余额宝和货币基金之间资金的合理分配比例为2:8,即20%的资金放入余额宝,便于平时的消费和取现,80%的资金放入收益率更高的货币基金中,让资金产生更大的收益。

简单易行的储蓄理财技巧

如今,很多人是月光族,存钱为什么这么难?是因为大部分人对存钱存在认知误区,找我诉苦的人对存钱的认知基于以下这个公式:

工资 - 消费 = 存款

用这种方式存钱很难,如果把存钱的公式重新做一个调整,存钱就不再是一件难事了。我们可以这么定义存钱:

工资 - 存款 = 消费

这个公式意味着每个月先把一笔固定的钱存入银行,剩下的钱再去消费。以这种方式存钱,大部分人都会在年底时收获一笔数额不菲的存款。

在这里,给大家介绍两种简单易行的储蓄方法,即当月储蓄法和组合储蓄法。

1. 当月储蓄法

根据存钱公式：工资 – 存款 = 消费，很容易理解当月储蓄法的精妙。

当月储蓄法是指在每月发薪日就扣除一笔钱作为存款，每笔钱的存款期限相同，一年下来就会有 12 张一年期的存单。

这样，从第二年起，每月都会有一张存单到期，有资金需要即可支取，不需要资金则银行可以办理自动续存。

当月储蓄法的具体操作流程为：每月固定拿出 1 000 元储蓄，每月开一张一年期存单。为什么一定要存一年期存单呢？这是一种强迫储蓄的技巧，以防理财者中间随时取出这笔钱。

当存足一年后，手中便会有 12 张存单，而这时第一张存单到期。

把第一张存单的利息和本金取出来，与第二年第一个月要存的 1 000 元相加，再存成一年期定期存单。以此类推，手中便时时会有 12 张存单。一旦需要用钱，只要支取近期所存的存单即可。

运用当月储蓄法的益处在于，在办理定存时，每张存单都开通自动转存业务，就可免去存单到期后每月跑银行的麻烦。

当月储蓄法适用于每月有固定金额节余而又无暇理财的月薪族。

2. 组合储蓄法

组合储蓄法又称利滚利储蓄法，方法是将一笔存款的利息取出来，以零存整取的方式储蓄，让利息"生"利息，是存本取息方式与零存整取方式相结合的一种储蓄方法。

例如，我在年底得到了3万元的年终奖，把这3万元存成存本取息储蓄。

一个月后，取出存本取息储蓄的第一个月利息，再用这第一个月利息开个零存整取储蓄账户。以后每月把利息取出后都存到这个零存整取储蓄账户上。

这样不仅得到了利息，而且又通过零存整取储蓄使利息又生利息。

运用组合储蓄法的最大益处在于，在保证本金产生利息外，还能让利息再产生利息，让储户的每一分钱都充分滚动起来，使收益达到最大化。

只要长期坚持，组合储蓄法能带来较为丰厚的回报。

第 5 章

建立理财金字塔

理财金字塔的意义在于,即使上层投资出现意外情况,底部也仍然稳健,不会对你的财务状况产生过大的影响。可惜的是,很多人的理财状况却是倒金字塔,地基处只有一点存款,上层投资了大量的股票、房产或收藏品。一旦出现意外情况,金字塔就会坍塌。

图解理财

零基础学理财

何为理财金字塔

理财实际上是建立一个稳固的金字塔,金字塔的地基是存款,第一层是人寿保险、重大疾病保险,第二层是应急金……最上两层是收藏品和期货,即越靠上层越是高风险、高回报的投资工具,越靠下层越是低风险、低回报的投资工具。

由金字塔的形状可以断定,处在最底层的应该是最能保障资金实力的基石。在这个基石的基础上,家庭或个人的消费、财产分配才有可能朝着健康的方向发展,这样才能确保资产进一步保值。

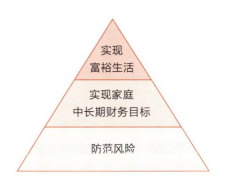

进行财富规划时，在梳理自己财务状况的基础上，首先应该明白的一个问题是该如何分配资产。无论掌握的资产有多少，都可通过理财金字塔来规划。

如何构建理财金字塔

对于个人或者家庭来说,一个合理的理财金字塔应该由以下几个板块组成。

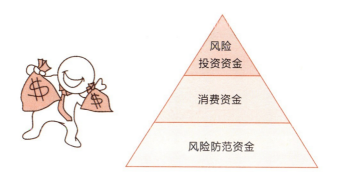

可以说,家庭的资产一般是由三部分资金组成的,即风险防范资金、家庭消费资金和风险投资资金。

这是理财金字塔必备的几个部分,只是由于每个家庭可以掌控的资产数量不一,同时每个人的理财心态也不尽相同,从而导致资产的分配额度和百分比有所不同。

1. 风险防范资金

在金字塔的最底层是风险防范资金,它包含以下几方面的内容。

如果细化的话,还包括家庭紧急备用金、养老保险、健康保险、失业工伤保险和意外保险等。银行储蓄可以做为家庭生活的基本保障,而社会保险和商业保险则构成家庭资产的更大保障。

(1)银行储蓄,它是家庭理财金字塔的第一根支柱,是家庭应急用的"紧急备用金"。一般家庭的"紧急备用金"应准备到足以应付3～6个月(宽裕点可到一年)的生活各项支出。在家庭收入突然减少或中断时,能有比较充足的时间应对困难。

然而,我们不可能把家里所有可动用的钱都以现金形式存放。首先,现金放在家里不安全;其次,放在家里的现金不会增值，只会越用越少。所以，我们应该储蓄，储蓄的好处在于本金稳定安全，而且有少量收益，可以在遇到较大额的临时开销（比如购置大件物品）时使用。

可以说，"现金+储蓄"反映了中国大多数家庭的财务状况。这种组合简单安全，可以应对大部分日常生活。但这还远远不够，银行储蓄抵消不了通货膨胀，因此数额不宜过多。

（2）社会保险，这是家庭理财金字塔的第二根支柱。社保是带有强制性和补贴性的，有单位的，单位上大头，个人上小头；没单位档案存"人才"的，也应该给自己上社保。但社保只是最低水平的基本保障，要想得到丰厚的退休养老金，还需要有充足的商业保险。

也许在你看来经过很长时间的储蓄，你已经算得上是一个中产阶级了，但一个意外就有可能让你多年的积蓄付诸东流。例如，一个普通的手术就要几十万元，很可能一下就花掉你多年的积蓄，所以仅有存款还不能保证家庭理财金字塔的稳固。

我们需要转嫁风险，比如通过社保、财产保险、意外和疾病保险等。万一发生意外或大病，不至于把家底掏空——这就是保障性资产的价值。

（3）商业保险，这是家庭理财金字塔的第三根支柱。商业保险既是防范风险的一种方式，也是分散风险的一种财务安排；是寻求风险损失补偿的一种合同行为，是社会互助抵御风险的一种保障机制。在三根支柱中,它的保障功能最强,防范风险的能力最强,在家庭理财中发挥重要的作用。

2. 消费资金

消费资金包含三部分,即日常生活消费资金、教育资金和大件低频消费资金。

3. 风险投资资金

金字塔的最高层就是风险投资资金,可以说这部分资金是随着自己可以掌控的资金数额来变化的。有时可以占到很大比例，有时则占到很小的比例。

当今的金融市场有众多的理财工具，除了股票、基金、房地产，还有债券、黄金、外汇、期货、保险、信托、收藏等。这些理财工具的风险有低、中、高之分，分别适合于不同阶段、不同投资心态的理财人士。

风险投资资金也可以用金字塔进行组合配置。

在这个金字塔中，第一层投资的核心要求是保本，不能把自己的养老金赔进去。第一层就像是大楼的基础，做好了这一层的规划，无论出现什么情况都不会垮掉。即便日子过得困难一些，总会熬过去的。

中间一层是低风险投资，目的是为了在最安全的状况下增加自己的资产。如果把它比作一颗种子，那么教育孩子、赡养老人的费用和自己的养老金储备都应该从这里开花结果。所以，它的作用是实现家庭中长期目标。

最上面两层是高风险投资,目的是在家庭财产稳健上升的基础上为自己赢得收益最大化,就是要设法让自己以小博大,用 100 元去赚 200 元。如果赚到了,你的家庭财务状况会瞬间上一个台阶。所以,金字塔的塔尖部分是为了让自己生活变得富裕而设的。

我们都知道,风险和利润是成正比的。赚得多,风险也大,例如投资股票、期货。

所以,高风险投资的比例一定不能太大,不能让它对自己的基本生活和中长期投资产生过大影响。

理财金字塔的资金分配

对于很多人来说，最重要的是保障金字塔最底层的风险防范资金。只有基层的资产得以保障，那么中间的消费资产和顶端的投资资产才有机会可言。只要最底层的三个支柱都较为坚实，其他投资收益多少都不会影响生活质量。

但目前很多中国人的理财方式是：先消费、后储蓄，甚至先消费、再风险投资、最后考虑储蓄(有剩余就存，没剩余就不存)。

如果缺少风险防范资金这三根支柱，家庭消费和风险投资就犹如空中楼阁，没有根基。一遇风险，家庭理财的金字塔顷刻间就会坍塌，导致生活品质急剧下降，或者一贫如洗，负债累累，甚至家破人亡。

一般情况下，这三部分的资产应该按照如下比例分配。

资产的比例可根据家庭或者个人的总收入和可以掌控的资金进行灵活调整,并不是一成不变的。

其中消费资金的伸缩性很大,有志想尽快致富的人,在保证必要的风险防范资金和基本消费资金的前提下,应尽可能地节俭,压缩不必要的消费资金,逐步增加风险投资资金,才能加速实现财富增值计划。这不但需要用顽强的毅力战胜购物的欲望,战胜吃、穿、玩、乐的诱惑,而且需要用一定的理财方法来培养这种毅力与习惯。

在构建金字塔理财方面,很多人都存在一定的误区,他们采取两极分化的态度,要么是把大部分资金投入高风险的资本市场(如股票型基金、股票、期货),以博取一夜暴富;要么就是非常"怕死",把所有的钱都存在银行,不敢拿出来进行任何投资。从理财金字塔的角度来说,这都是错误的做法。

恰当的投资理财方式,应该拥有一个能分散投资风险、抵御通货膨胀、享受投资收益、达到资产保值增值目的的投资组合。

理财常见的错误是"把所有的鸡蛋放在一个篮子里",也就是将资金全部投资到一类资产中,在这类资产升值或贬值时,将对个人财富产生巨大影响。

而投资时的贪婪和恐惧心理,又常导致人们在资产波动的波底卖出投资产品,最后导致亏损。

事实上，在理财上，太保守或太积极都不利于财富的积累。

太保守的投资理财方式是选择把钱放到银行"定存"。不要以为定期存款是最安全的工具，因为定存无法有效抵抗通货膨胀，所以长期来看定期存款不见得安全。

太积极的投资理财目标是希望资产在一夜间倍增。但是，高收益的投资往往也伴随着高风险。如果你想要一夜暴富，就得承受一夜间财富消失的风险。

选择投资策略要防止过犹不及，太保守或太积极都可能使你的资产处于风险之中。因此，投资时必须做适当的风险控制。

人生各个阶段的理财金字塔

一个人的成长总要经历不同的阶段，不同的阶段有着不同的理财侧重因素，这是每个人成长的过程。而和钱打交道的重要阶段就是老中青这三个阶段，此前的婴孩时期、童年及少年时期并不具备直接理财的能力。

当然，如果我们在少年时期就树立了良好的理财观念，到成年的时候可能会获得更为独立的经济基础。

25~40岁	40~60岁	60岁以后
① 增加资产 ② 为急用资金提供准备 ③ 满足日常生活开支	① 增加现金储蓄金额 ② 增加当前收入 ③ 满足日常消费 ④ 理财投资的了解和学习	① 保险资金 ② 日常消费 ③ 增加医疗、紧急需求储备

从理财的角度讲,人们在投资产品上的选择取决于投资人的风险承受能力,不同年龄的人群风险承受能力是不同的。当今社会,在投资理财方面扮演重要角色的分别是青年、中年和老年,他们在投资理财和保障规划方面的侧重点有所不同。

1. 25~40岁,积极理财阶段

25~40岁的人正处于事业起步并且迅速上升的阶段,但是由于这一人群的投资理财经验相对缺乏,因此切忌盲目投资。应学好投资理财方面的知识,适当地进行股票、基金方面的投资,丰富实战经验。

25~40岁人群的理财金字塔安排建议如下:

- 股票或股票型基金与混合型基金占70%
- 债券、债券基金占20%
- 风险防范保障型投资(如储蓄、保险等)占10%

第5章
建立理财金字塔

青年人除去生活中必需的消费之外,剩下的钱可以用来做资金的原始积累。原始资金具有着巨大的作用,可以为即将到来的成家立业提供经济基础。所以,攒钱也是这个阶段的一个理财方式。

年轻人经过历练,有了一些积蓄,而且对投资方面也会逐渐了解,可以适当地选择合适的投资方式。

在投资股票时,可以考虑将资金投资在不同的市场上。例如,可以将40%的资金投向那些业绩相对稳定的股票或基金,30%的资金投向中长期债券,20%的资金投向基金。

在做以上投资时,要注意平衡各品种之间的投资比例。

例如，下图所示的就是有了一定经济能力的青年人可以尝试的一种投资组合。

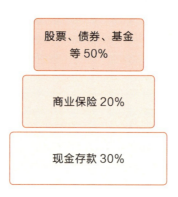

30多岁的时候，伴随着孩子的出生，家庭经济压力逐渐变大。为了给孩子的生活提供一定的保障，投资上应该比20多岁的时候保守些，策略是进行有稳定回报和多元化的投资。孩子的教育费用一定要考虑其中，安排更多的储蓄计划，或者为孩子购买教育基金、基金定投等。

当然，还有一项很大的支出就是购房。贷款购房的月供金额一定要在可以承担的范围之内，这样既可以保障正常的生活，又可以留足未来孩子教育方面的费用。

2. 40~60岁，稳健理财阶段

中年时期是一个人家庭经济状况平稳、事业发展到顶峰并且趋于安稳的时期，财富的累积速度相对比较快，而

且资金支出相对固定。这个时期的首要任务是还清房贷，其次是加大投资力度，特别是进行一些风险性的投资，储备未来的养老金。

如果是经济基础一般的工薪阶层，这时的投资就适当地以保守为原则，减少风险的投资方法就是减少股票投资，在投资组合中加大债券投资的比例。

对于中年人来说，资产的60%~70%可用于购买风险较高的股票或股票型基金，剩余的可选择一年期以上存款、国债、债券基金、保本型人民币理财等较为稳健的品种。

在市场不景气时，适当增加稳健型品种的比例，可考虑将40%~50%的资金用于投资稳健型理财产品。

这个年龄段的人投资理财经验相对丰富，可留10%的流动资金专门用来短线投资或进行股市抄底，也可暂用来购买超短期银行理财产品，如通知存款、货币基金、短期人民币理财产品。

这个年龄段的人承担着繁重的家庭责任，扮演着顶梁柱的角色，因此在进行保险配置时应充分考虑整个家庭的风险。首先考虑投保保障性高的终身寿险、定期寿险，并且需要投保较高额度的寿险，这样才能保障家人生活后顾无忧。此外，应考虑附加一定的意外险和医疗险。从长远来看，也可考虑投资房地产，包括商铺或住宅。

当快要退休的时候，就应该考虑养老金的问题了。这个时候的投资以减少风险性投资的比重为原则，增加安全性投资的比例，将投资引向更为稳健的方向。

3. 60岁以上，保守理财阶段

60岁以上的人可以更多地为自己的生活做些规划，这个年龄段的人最大的风险来自疾病。此外，他们还需要考虑退休后的生活保障，养老规划也是必须要尽早解决的问题。

在选择养老产品时,最好考虑有固定收益的品种,以确保生活开支有所保障。大部分人退休后享受的是社会统筹养老保险,退休后收入会大幅度下降,如何保持较高的生活质量是理财的重点。

因此,60岁以上的人群可以选择既有固定收益又有疾病保障类的投资型保险产品,如分红险。这类产品虽属于投资类产品,但风险较低,通常具有保底收益,既有一定的疾病保障功能又有增值的作用。

退休后家庭的收入会相对减少,而且支出相对增加,例如一些医疗方面的必要支出。因此,这个年龄阶层的人不适合高风险投资,一切理财以降低风险为原则。

因此,针对老年人的理财金字塔建议如下。

老年人在退休之后,可以利用自己的投资所得来好好规划生活。通过医疗保险和养老保险的投资,一边保障自己的收益,一边可以享受生活。

对于不同年龄层的理财计划,可以用下图来表示。

第6章

选择适合的投资工具

当前金融市场上充斥着大量非法的、诈骗型的投资工具,披着合规的外衣向大众兜售。在进行投资前,了解合法合规的投资工具是首要的功课。选择合法合规的投资工具是启动复利、增加收入的基本前提。

图解理财

零基础学理财

坚持投资，增加资产性收入

一般来说，我们的收入有两种形式，一种是工资收入，另一种是资产性收入。工资收入是指必须每日辛勤工作才有可能赚到的钱。资产性收入就是通过投资理财赚到的钱，例如投资股票、基金获得的收益或者房租收入。

要想实现财务自由，仅仅依靠工资收入是远远不够的，因为退休金是很难保证生活质量的。因此，要学会让钱生钱，在收入的构成中尽量增加资产性收入的比重。

那些耳熟能详的亿万富翁，无一不是精明的投资家，例如股神巴菲特、金融炼金师索罗斯等，不一而足。投资家成功致富的秘诀只有一个，就是用钱生钱！

巴菲特在他的书里说他6岁开始储蓄，每月存30美元。到13岁时，当他有了3000美元时，他买了一只股票。年年坚持储蓄，年年坚持投资，多年如一日，他坚持了80多年。

我们普通人如何用投资的方式使自己成为富有的人呢？其实很简单，只要你始终如一地坚持以下三个原则，相信若干年后你也是富翁。

三个造就富翁的原则:

(1) 先储蓄,后消费,每月将工资的 30% 用于储蓄。

(2) 坚持每年投资,投资年回报率 10% 以上。

(3) 年年坚持,坚持 10 年以上。

投资能帮理财者启动复利,让钱再生钱,人在休息而钱在工作,最大限度地收获被动收入。爱因斯坦曾经说过,复利是世界第八大奇迹。

举个最简单的例子,假设你现在将 1 万元用于投资,每年的投资收益率是 25%。如果你赚单利的话,三年后,你总共可以赚到 7 500 元。

但如果你每年都把赚到的钱用于再投资的话,那三年后你总共就可以赚到 9 531 元。这多赚的 2 000 多元是在这三年里你的钱所生的钱。

从三年时间来看,复利与单利相比差额并不太大。可时间一长,差异就会非常惊人。

以上面的例子来说,30 年后,如果是以复利计算,最初的 1 万元就会变成 800 多万元;而以单利计算的话,就只有 8 万多元。

投资理财不必追求高收益率,只要有适当的收益率,让复利发挥作用,同样可以获得可观的收入。

复利所产生的结果看似不合理,但是想象一下,两个年轻人一个从 22 岁开始每年投资 10 000 元,直到 40 岁,每年按照复利 15% 的方式增长。另一位则在年轻的时候逍遥快活,32 岁才开始投资,为了弥补失去的岁月,他每年存 20 000 元,按照 15% 复利计算,直到 40 岁为止。那么,你认为最后谁的钱更多呢?是 22 岁的那位!很显然,及早开始投资是让钱快速生钱的最好方式。

当时间和复利共同发挥作用的时候,威力是非常惊人的。

投资理财其实很简单,就是要量入为出,尽快地积累投资的资本。

尽早投资,哪怕是有限的收益率,假以时日,同样能取得可观的收益。

金融市场中的投资工具

如果说投资能启动复利、增加被动收入，使个人的资产取得最大效益，达成人生不同阶段的生活目标，那么投资工具就是实现目标的得力助手。

当前金融市场上的投资工具品种相当丰富，既有保本投资工具，也有低风险投资工具，还有高风险投资工具，当然市场上也充斥着大量非法的投资工具、诈骗型的投资工具，披着合规的外衣向普通大众兜售，一旦投资了这种非法投资工具，理财者必定血本无归。

选择投资工具一定要遵循的两个原则

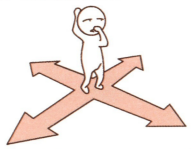

（1）选择安全的投资工具，安全的投资工具是指合法合规的投资工具，例如基金、国债、股票等投资工具。

（2）选择和自身层次相匹配的投资工具。

理财者在进行投资前,了解合法合规的投资工具是首要的功课。选择合法合规的投资工具是启动复利、增加被动收入的基本前提。

金融市场中一共有 11 种合法合规的投资工具,如下表所示。

投资工具一览表

投资工具	风险程度
储蓄	偏低
保险	偏低
债券	低
银行理财产品	低
基金	低
黄金	低
股票	高
外汇	偏高
期货	偏高
股指期货	偏高
现货黄金	偏高

下面列出 7 种保本型投资工具。保本投资工具相对稳健，适合理财新人学习理财方法，同时培养稳定的投资心态。

保本型投资工具一览表

投资工具	投资门槛
储蓄	无
余额宝	无
货币基金	偏低
保本型基金	偏低
保本型结构性存款	偏低
国债	偏低
分红型保险	偏低

保本理财又被称为保本投资，保本投资有两层含义，第一层是追求本金的安全，第二层是追求本金的安全之余还要获取收益率。需要特别说明的是，从理财的角度而言，银行存款利率、国债票面利率都称之为名义利率，名义利率减通货膨胀率才等于实际利率。

图解理财
零基础学理财

在进行保本理财前,首先要明确一点:投资收益率与通货膨胀率基本持平,也就是能保证投资者的货币购买力不下降,才称为真正的保本。

投资者在选择保本理财产品时,尽量选择收益率高的理财产品以规避通货膨胀所带来的投资风险。

保本投资工具

如果忽略通货膨胀和机会成本,保本投资工具的投资风险在理论上可以视为零。

没有投资经验的理财新人先从保本投资工具开始学习理财、练习理财,有了保本理财的投资经验后再开始进行低风险理财,因为低风险理财适合有一定投资常识和投资经验的人投资。

1. 结构性存款

保本投资中重要的一环就是保本型结构性存款,本节将会对保本型结构性存款的概念进行详细的讲解。

保本型结构性存款是在存款的基础上嵌入金融衍生工具(如期权、期货等),从而使存款人在承担一定风险的条件下获取较高的投资收益。

其形式一般表现为:存款和金融衍生物、相应的收益包括银行定存利率和金融衍生品收益两个组成部分。

保本型结构性存款最大的特点在于本金可保证:结构性存款本金按照储蓄存款业务管理,本金安全。

保本型结构性存款的缺点在于投资门槛相对较高,对于起投金额有一定的限制,比如要求5万元起步,单笔追加限额也是1万元起步,这需要投资者具有一定的资金量才能参与。

下面我以某银行个人结构性存款产品为例,详细说一说保本型结构性存款。

(1)该产品投资期限有一个月、三个月、半年和一年等几种。

（2）本金：投资存款、国债等固收产品。收益：投资金融衍生品。从收益上会分为三档，以一年举例，第一档是保底收益，年化1.5%，第二档以以往业绩来看大概率为4%，第三档是最高收益4.1%，这三档收益会在合同上明确标明投资标的、观察日以及各档的兑付条件。

这款产品第一档保底收益是可以保证实现的，因为这部分收益是定期存款的利息，也可以满足大家对于保本的投资预期。

第二档收益和第三档收益是金融衍生品收益，这一部分收益就要视情况而定了，有可能实现也有可能无法实现，既往曾经实现了高收益并不代表未来一定能实现高收益，所以银行理财经理通常只会告诉你最高档收益，并把预期收益说成是既定收益，这其实是在严重地误导。

在购买保本型结构性存款时，一定要看清楚它的金融衍生品是什么。

目前比较典型的结构性存款有：利率挂钩型结构性存款、汇率挂钩型结构性存款、信用挂钩型结构性存款、股票挂钩型结构性存款和商品挂钩型结构性存款、黄金挂钩型结构性存款。

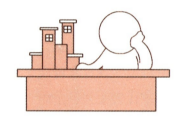

如果你对金融衍生品并不了解，原则上可以把结构性存款视为一种保本但并不保证高收益的投资品种。

结构性存款具有很多优势，但也不可避免地存在诸多风险，主要可以归纳为投资期限风险和银行违约风险等。

第 6 章
选择适合的投资工具

结构性存款都锁定了一个固定期限,投资者在期限内不能提前支取,就如同定期存款一样。

投资者将面临在存款期内丧失较好的投资机会而付出较高的机会成本的风险,这就是结构性存款投资者面临的流动性风险。

对于同一时期同样结构的产品,不同银行提供的收益率也有所差别,这主要是由银行自身的信用风险决定的。

资金雄厚、操作规范、风险承受能力强、经营稳健的银行,由于其自身的信用风险较低,所推出的产品的收益率可能相对较低。

而那些稳定性较低、自身信用较差的银行,虽然提供的产品收益率较高但是风险也很大,投资者很可能因银行违约而蒙受损失。

2. 国债

保本投资工具中应用最广泛的就是国债,由于国债有国家信用做保障,安全性极高,深受中老年人的青睐。

国债是由国家发行的债券,是中央政府为筹集财政资金而发行的一种政府债券,是中央政府向投资者出具的、承诺在一定时期支付利息和到期偿还本金的债权债务凭证。由于国债的发行主体是国家,所以它具有最高的信用度,被公认为最安全的投资工具。

由于国债以中央政府的税收作为还本付息的保证,因此风险小、流动性强,利率也较其他债券低。

短期国债通常是指发行期限在 1 年以内的国债,主要是为了调剂国库资金周转的临时性余缺,它具有较大的流动性。

中期国债是指发行期限在 1 年以上、10 年以下的国债(包含 1 年但不含 10 年),因其偿还时间较长而可以使国家对债务资金的使用相对稳定。

长期国债是指发行期限在 10 年以上的国债(含 10 年),可以使政府在更长时期内支配财力,但持有者的收益将受到币值和物价的影响。

金融市场上广泛流通交易的国债有三类,即无记名式国债、凭证式国债和记账式国债。

无记名式国债	凭证式国债	记账式国债
无记名式国债可在各大银行购买	凭证式国债可以在各大银行以及财政部门购买	记账式国债可以在各大银行购买，也可以通过证券公司购买

（1）无记名式国债的购买。

无记名式国债的购买对象主要是各种机构投资者和个人投资者，其购买方式是最简单的。

投资者可以于发行期内在各大银行、证券机构购买无记名式国债，投资人填单交款即可购买。

第 6 章
选择适合的投资工具

无记名式国债的面值种类一般为 100 元、500 元、1 000 元。

（2）凭证式国债的购买。

凭证式国债主要面向个人投资者发行，其发售和兑付是通过各大银行的储蓄网点、邮政储蓄部门的网点以及财政部门的国债服务部进行办理，其网点遍布全国，能够最大限度地满足个人投资者的购买、兑取需要。

1）发行期内的购买。

凭证式国债以百元为起点整数发售，按面值购买。

投资者可在发行期内持款到各网点填单交款，办理购买事宜。

凭证式国债所需办理手续和银行定期存款办理手续类似。

由发行点填制凭证式国债收款凭单，其内容包括购买日期、购买人姓名、购买券种、购买金额、身份证件号码等，填完后交购买者收妥。

2）发行期后的购买。

发行期过后，对于客户提前兑取的凭证式国债，可由指定的经办机构在控制指标内继续向社会发售。

投资者在发行期后购买时,银行将重新填制凭证式国债收款凭单,投资者购买时仍按面值购买,购买日即为起息日。

兑付时按实际持有天数、按相应档次利率计付利息。凭证式国债的利息计算一般截至合约到期时兑付期的最后一日。

（3）记账式国债。

记账式国债可以到证券公司和商业银行进行购买交易,二者在购买流程中存在一定的差异。

通过银行购买记账式国债,投资者可以开通网上银行账户,直接在个人电脑上进入银行的官方网页,输入个人的账号和密码,在交易时间内就可以自由进行记账式国债的交易。

通过证券公司购买记账式国债,投资者需要在交易所开立证券账户或国债专用账户,并委托证券机构代理进行交易。

买卖记账式国债和买卖股票一样,可通过委托系统下单,操作十分简单。只需输入所要购买的国债代码,再输入交易数量和价格即可。

投资者通过银行交易记账式国债，无须支付交易费用，而通过证券公司进行交易的交易费用大约是交易金额的 0.1%~0.3%。

3. 分红型保险

保险是低风险、中长期限的理财产品，一份保险可以保到 70 岁甚至终身，这是其他金融产品不具备的特性。分红保险既能提供大病和身故的保障，又能每年拿分红，是重要的保本投资工具。

分红型保险是一种人寿保险产品，其运作原理是保险公司将其实际经营成果优于定价假设的盈余，按一定比例向保单持有人进行分配，保单持有人每年都有权获得建立在保险公司经营成果基础上的红利分配。

第 6 章
选择适合的投资工具

简单来说,分红型保险就是分享红利,投资人享受保险公司的利润。

分红型保险比较适合收入稳定的人士购买,对于有稳定收入来源,短期内又没有大笔开销计划的投资者,买分红型保险是一种较为合理且风险较低的理财方式。

对于收入不稳定或者短期内预计有大笔开支的投资者来说,选择分红型保险产品需要慎重。由于分红型保险的变现能力相对较差,如果中途想要退保提现来应付不时之需,可能会连本金都难保,因此不建议有变现需求的投资者购买分红型保险。

分红型保险每年都向保单持有人分配红利,红利的分配方法主要分为现金分红法和增额分红法两类。这两种盈余分配方法代表了不同的分配政策和红利理念,所反映的透明度以及内含的公平性各不相同,对保单资产份额、责任准备金以及寿险公司现金流量的影响也不同。

```
           分红型保险红利的分配方式
      ┌──────────────┴──────────────┐
现金分红法：每              增额分红法：每年将
年一次的保单分              当期红利增加到保单
红，直接以现金              的现有保额之上，保
的形式返给保单              额增加每年所分的红
持有人                      利，一经确定增加到
                            保额上就不能调整
```

（1）现金分红法。

保单持有人既能以现金领取红利，也可以选择将红利留存公司累计生息、抵扣下一期保费等。对保单持有人来说，现金红利的选择比较灵活，满足了客户对红利的多种需求。

保单持有人如果选择将红利留存公司累计生息，保险公司会给利息，目前在3%~3.5%之间，而且一般是年复利。

近些年出现了累计生息的升级模式——万能金账户，即附加或者额外购买一款万能险，每年的分红直接进入万能险账户，年化利率会再高一些，能达到4.5%~5.5%之间。而且万能险一般是每个月结算利息然后计算复利，一年计算复利12次。对大额的年金险来说，这种方式确实会提高整体的收益率。

（2）增额分红法。

增额分红法每年所分的红利，一经确定增加到保额上就不能调整。这样，保险公司可以增加长期资产的投资比例，在某种程度上也增加了投资收益，使被保险人能获得持续的较高且稳定的投资收益率。

投保人在发生保险事故、保险期满或退保时，可拿到所分配的红利。

像太平人寿、太平洋人寿等公司的分红型产品都可以增额分红。

分红型保险可分配给投保人的红利是不确定的，没有固定的比率。

分红水平主要取决于保险公司的实际经营成果，也就是说，只有实际经营成果好于预期，保险公司才会将部分盈余分配给投保人。

如果实际经营成果比预期差,保险公司有可能不会进行盈余分配。

因此,客户在选择购买保险时,应该在认真了解产品本身的保险责任、费用水平等的基础上,选择实力强大的保险公司。

在选购分红型保险之前,首先要看保险公司的实力。实力雄厚的保险公司在资源上往往具有一定的优势,能够为客户提供更好的服务,也能够使本金的安全性更加有保障。

其次,选购分红型保险需要看保险公司的经营管理水平,包括保险公司的投资业绩、品牌形象等。良好的品牌形象更具有可信度,对于新手投资者来说,能够获得更多的安全感。

(3)分红险投资注意事项。

分红险是集保障与理财于一体的险种,保险的主要功能是提供风险保障,其次是理财功能。很多投资者一听说有很高的回报就匆匆投保分红险，这是不理性的投保行为。

现今，大多数人还处于缺少保障类保险产品的现状。投资者在选择保险产品时，首先应该考虑保险所能带来的保障。一般情况下，只有在健康和医疗保障充足的情况下才去购买分红型的产品。否则，客户一旦因为健康问题或发生意外风险导致收入下降，缴纳分红险产品续期保费能力出现困难，就会出现不必要的损失。

因此，投保人应该是在获得充分保障的基础上选择购买分红险，切不可单纯地为追求红利而购买保险。

低风险投资工具

有了一定的保本理财经验后,理财者可以尝试进行低风险理财。低风险理财适合有一定投资常识和投资经验的人来操作。

有投资必然有风险,投资风险和投资收益永远如影随行,像一对形影不离的孪生兄弟。

在前面提到的11种投资工具中,基金和债券属于低风险投资工具,收益适中,适合理财新人、老年人和风险厌恶者进行投资。

1. 基金投资

基金投资是一种间接的证券投资方式。基金管理公司通过发行基金份额,集中投资者的资金,由基金托管人(即具有资格的银行)托管,由基金管理人管理和运用资金,从事股票、债券等金融工具投资,然后共担投资风险、分享收益。

通俗地说,证券投资基金是通过汇集众多投资者的资金交给银行保管,由基金管理公司负责投资于股票和债券等证券,以实现保值增值目的的一种投资工具。

第 6 章
选择适合的投资工具

根据不同标准,可以将基金划分为不同的种类。根据投资基金的募集方式不同,可将其分为公募基金和私募基金。

公募基金是指以公开发行方式向社会公众投资者募集基金资金。公募基金具有公开性、可变现性、高规范性等特点。

私募基金是指以非公开方式向特定投资者募集基金资金。私募基金具有非公开性、募集性、大额投资性、封闭性和非上市性等特点。

根据投资基金是否能够在证券交易所挂牌交易,可将其分为封闭式基金和开放式基金。

封闭式基金是指基金份额在证券交易所挂牌交易的证券投资基金,投资者可以随时买入、卖出基金。

封闭式基金和股票的交易原理是一样的,投资者通过低买高卖从中获得收益。

开放式基金是指基金份额不能在证券交易所挂牌交易的基金,但是可以通过基金公司或代销机构交易,可通过赎回来收回投资资金。

第 6 章
选择适合的投资工具

一般来说，基金的投资方式有两种，即单笔投资和定期定额投资。由于基金"定期定额"的起点低、方式简单，所以也被称为"小额投资计划"或"懒人理财"。

基金定投是定期定额投资基金的简称，是指在固定的时间以固定的金额投资到指定的开放式基金中，类似于银行的零存整取方式。

基金定期定额投资具有类似长期储蓄的特点，能积少成多，平摊投资成本，降低整体风险。

基金定期有自动逢低加码、逢高减码的功能，无论市场价格如何变化，总能获得一个比较低的平均成本。因此，定期定额投资可抹平基金净值的高峰和低谷，减轻市场的波动性。

只要选择的基金整体有增长，投资人就会获得一个相对平均的收益，不必再为入市的择时问题而苦恼。

单笔投资的收益可能很高，但风险也很大。定期定额由于规避了投资者对进场时机主观判断的影响，定投方式与股票投资或基金单笔投资追高杀跌相比，风险明显降低。

股票市场涨跌变化快速，投资大众可能没有足够的时间每日观盘，更没有足够的专业知识来分析判断走势，因此通常无法正确掌握市场走势而遭套牢，此时若能以定期定额投资的方式为之，分散投资时点，则可因平均投资成本的效应而避免套牢亏损。

更详细地说，市场为上涨走势时，单位价格（即基金净值）高，此时以固定金额买到的基金单位数较少；当市场为下跌走势时，单位价格低，买到的基金单位数则多。

如此一来，总投资额则是由大量低价的单位数及少量高价的单位数组成，结果每一单位的平均净值将会比单笔投资的每单位净值低，有效地减少了套牢的风险，投资者不必担心买在高点。

更积极的说法是，当市场为上涨走势时，更应该以定期定额投资方式承接大量低成本的单位，因为经济及股市的走势从长期来看处于一个上扬轨迹，一旦股市走出低迷的空头格局而上涨时，持有大量低成本单位的投资者将会获得更佳的投资报酬。

若比较定期定额投资及单笔投资，则单笔投资可以说是多头市场具攻击性的投资方式，而定期定额则可以说是空头市场最佳的防御性投资方式。

总体来说，定期定额投资基金是以一段时间基金的加权平均价格购买的，由于固定金额每次购买的低价基金多、高价基金少，所以定投的价位较算术平均价低，平均单位投资成本低。

而一次性投资则只有一次价位选择机会，其大小直接决定了收益高低，所以定投比较稳定，比单笔投资的风险小很多。

定投的合约期限一般在三至五年，能够持续坚持五年每月储存一定的资产，这本身就是一件很难的事，定投不仅锻炼了持之以恒的耐力，还能为自己存一笔可观的资产。

2. 债券投资

债券是一种金融契约，是政府、金融机构、工商企业等向投资者发行，同时承诺按一定利率支付利息并按约定条件偿还本金的债权债务凭证。从本质上来说，债券是债务的证明书，具有法律效力。债券购买者或投资者与发行者之间是一种债权债务关系，债券的发行人即债务人，债券的投资者即债权人。

根据不同的方式，可将债券分为不同的类别。

按债券的发行主体划分，可将债券分为政府债券、金融债券和企业债券。

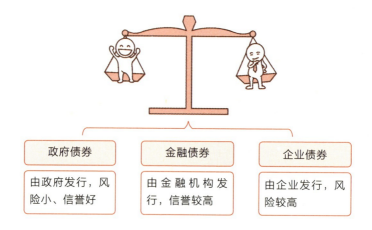

政府债券是政府为筹集资金而发行的债券，主要包括国债、地方政府债券等，其中占据主要市场的是国债。国债因其信誉好、利率优、风险小，又被广大投资者称为"金边债券"。

金融债券是由银行和非银行金融机构发行的债券。在我国，金融债券主要由国家开发银行、进出口银行等政策性银行发行。金融机构一般有较为雄厚的资金实力，并且信用程度较高，因此金融债券往往有良好的信誉。

企业债券是按照《企业债券管理条例》规定发行与交易，由国家发展与改革委员会监督管理的债券。在实际中，企业债券的发债主体为中央政府部门所属机构、国有独资企业或国有控股企业。

按财产担保划分，可将债券分为抵押债券和信用债券两类。

抵押债券是以企业财产作为担保的债券,按抵押品的不同,抵押债券又可以分为一般抵押债券、不动产抵押债券、动产抵押债券和证券信托抵押债券。

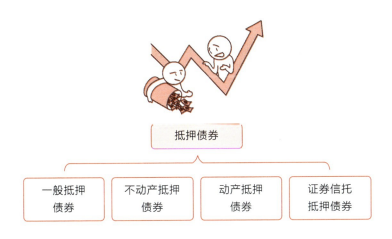

一旦债券发行人违约,信托人就可将其担保品变卖处置,这是抵押债券确保债权人优先求偿权的手段。

信用债券则是不以任何公司财产作为担保,完全凭信用发行的债券。这种债券由于其发行人的绝对信用而具有坚实的可靠性。与抵押债券相比,信用债券的持有人所承担的风险较大,因而投资人投资此类债券往往要求较高的利率。为了保护投资人的利益,发行信用债券的政府或企业受到的限制较多。

除此以外,在抵押债券和信用债券契约中都要加入保护性条款以保护债权人的利益,如不能将资产抵押其他债权人、不能兼并其他企业、未经债权人同意不能出售资产、不能发行其他长期债券等。

按发行形态分类,可将债券分为实物债券和记账式债券两种。

实物债券是一种具有标准格式实物券面的债券。在实物债券的券面上,一般印制了债券面额、债券利率、债券期限、债券发行人全称、还本付息方式等各种债券票面要素。

实物债券实行不记名、不挂失的原则,可以在市面上流通。但是,由于实物债券的发行成本较高,因此将会逐步被取消。

记账式债券是指没有实物形态的票券,这种债券以电脑记账方式记录债权,通过证券交易所的交易系统发行和交易。如果投资者进行记账式债券的买卖,就必须在证券交易所设立账户。

购买记账式债券后可以随时在证券市场上转让,流动性较强。在记账式债券转让的过程中,除了可以获得应得的市场利息以外,还能够获得一定的差价收益。

记账式债券一般有付息债券与零息债券两种。付息债券按票面发行,每年付息一次或多次,零息债券折价发行,到期按票面金额兑付。

记账式债券的发行和交易均无纸化,因此具有交易效率高且成本低的特点。

高风险投资工具

投资理财的路径一般为从保本理财工具入手,有了基本的投资理财经验后,再开始投资低风险投资工具和高风险投资工具。

股票、外汇、期货和现货黄金等属于高风险投资工具,收益高、风险也高;外汇、期货和现货黄金等属于杠杆型投资工具,可以实现超额收益,然而也可导致超额亏损。

有的人略过入门级的投资工具直接投资股票,更有人听说期货收益高,直接从期货入手投资,这是相当危险的投资模式。投资期货要求投资者有较高的风险承受能力和投资经验,没有任何投资技能和投资经验的人直接进行高风险投资,结果自然难如人意。

1. 股票投资

股票投资是目前普及率最高、参与人数最多的投资工具,在牛市行情时,很多没有任何投资经验的人盲目涌入股市,甚至大举外债投资股票。

在牛市行情中,大部分人都能从股市赚到钱,然而到了熊市行情,没有投资技能的投资者必然会亏损,在牛市中赚到的钱会在熊市中再亏掉。

事实上,股票属于高风险投资工具,要求投资者具有风险承受能力、有丰富的知识储备、有投资经验。股票不适合理财新人和老年人投资,适合有一定投资理财经验的人投资。

在讲股票投资之前,我们先讲讲什么是股票。

股票是股份公司发行的所有权凭证,是股份公司为筹集资金而发行给各个股东作为持股凭证并借以取得股息和红利的一种有价证券。

每股股票都代表股东对企业拥有一个基本单位的所有权,每只股票的背后都代表着一家上市公司。股份公司将股票发售给股东作为已投资入股的证书与索取股息的凭票,它像普通的商品一样,有价格、能买卖,同时可以作为抵押品进行抵押操作。

第 6 章
选择适合的投资工具

股份公司借助发行股票来筹集资金。

投资者可以通过购买股票获取一定的股息收入,以此获得收益。

股票投资是指企业或个人通过低买高卖股票获得收益的行为。股票投资的收益由分红收益和资本利得两部分构成。

分红收益是指股票投资者以股东身份,按照持股的份额,在公司盈利分配中得到的股息和红利的收益。

资本利得是指投资者在股票价格的变化中所得到的收益,即将股票低价买进、高价卖出所得到的差价收益。

当前,股票投资的分析方法主要有基本分析法和技术分析法两种。

基本分析法	技术分析法
以上市公司作为主要研究对象,大概测算上市公司的长期投资价值和安全边际	以股票价格的波动作为主要研究对象,对股票市场波动规律进行分析

基本分析法是基于价值投资理论交易股票，基本分析法以上市公司作为主要研究对象，通过对决定企业内在价值和影响股票价格的宏观经济形势、行业发展前景、企业经营状况等进行详尽分析，以大概测算上市公司的长期投资价值和安全边际，并与当前的股票价格进行比较，形成相应的投资建议。

基本分析法认为股价波动不可能被准确预测，而只能在有足够安全边际的情况下买入股票并长期持有。

技术分析法是指以股票价格的波动作为主要研究对象，以预测股价波动趋势为主要目的，从股价变化的历史表现入手，对股票市场波动规律进行分析的方法总和。

技术分析法认为，市场行为包容一切，可以定量分析和预测股价波动，常用的理论如道氏理论、波浪理论、江恩理论等。

2. 外汇投资

外汇是"国际汇兑"的简称，有动态和静态两种含义。外汇的动态含义是将一国货币兑换为另一国货币，借以清偿国际间债权债务关系的一种专门的经营活动。外汇的静态含义是指可用于国际间结算的外国货币及以外币表示的资产。

由于世界各国货币的名称不同、币值不一，所以一国货币对其他国家的货币要规定一个兑换率，即汇率。在国际外汇市场中，汇率存在着波动，当某种货币的买家多于卖家时，买方争相购买，买方力量大于卖方力量，价格必然上升。反之，当卖家竞相抛售某种货币，市场卖方力量占上风时，则汇价下跌。

汇率的波动为外汇交易者带来了获利的机会，外汇交易者通过货币之间的汇率高低波动来获利。投资者可以先低价买入再高价卖出来获利，也可以先高价卖出再低价买入来获利。也就是说，外汇交易做多、做空都有机会赚钱。

虽然股票对应的是上市企业的股份，外汇对应的是国家货币，但是外汇交易获利的原理和股票一样，通过低买高卖赚取差价。

与股票投资相比，外汇交易具有风险大、可控性强、操作灵活、杠杆比率大、收益高的特点。

第 6 章 选择适合的投资工具

外汇和股票的区别

	外汇	股票
区别	外汇保证金并没有指定的结算日期，采用的是 T+0 的方式，当天买入当天卖出，交易可即时完成	股票交易采用的是 T+1 的交易模式，当天买入，只能第二天才可以卖出
	全天 24 小时可以进出市场	上午 9:30~11:30，下午 13:00~15:00 每天 4 小时交易
	外汇交易能做多也能做空，即投资者既可低买高卖获利也可高买低卖获利	股票交易只能做多，即投资者只能买涨，即低买高卖获利
	外汇交易进行外汇买卖，国内银行可提供 10~30 倍的杠杆，国外经纪商则可提供 100~500 倍的杠杆	股票交易没有杠杆
	外汇交易没有涨跌停板，涨跌幅度无限制。通常情况下，外汇市场每天的波幅是 1%；在有重要数据公布或者是重大事件发生时，波动有可能会达到 2% 以上	股票交易有涨停板的限制，每天的涨幅在 10% 以内

外汇货币交易是一对一的,表示投资者"买入"一种货币的同时也在"卖出"另一种货币,而买卖这些货币就是在买卖这些货币背后的国家经济。换句话说,投资者根据对一个国家经济的预测决定是买入还是卖出。

汇率的波动是外汇交易中的关键要素,投资者在进行外汇投资时必须密切关注影响汇率波动的核心要素。总体来说,影响汇率波动的要素有以下五个方面。

(1)宏观经济数据,比如GDP、就业、房地产数据,数据所反映的经济状况越好,则汇率越强。

(2)利率、通胀率等,经济好的时候,利率越高,汇率越强;反之,经济差的时候,利率越低,汇率越弱。

(3)一国的外贸情况,顺差将带动本币升值。

（4）政策因素，如国家经济政策、中央银行的货币政策等。

（5）突发事件，比如战争、恐怖袭击等，美国9·11、伦敦地铁受袭等恐怖事件分别导致美元、英镑的汇率急挫。

3. 期货投资

相较于股票和外汇，期货的交易原理比较复杂，风险相对更高。接下来，我们从期货的由来入手讲解期货投资。

最初的期货交易是从现货远期交易发展而来的，最初的现货远期交易是双方口头承诺在某一时间期货大会交收一定数量的商品，后来随着交易范围的扩大，口头承诺逐渐被买卖契约代替。

这种契约行为日益复杂化，需要有中间人担保，以便监督买卖双方按期交货和付款，于是就出现了1571年伦敦开设的世界第一家商品远期合同交易所——皇家交易所。

为了适应商品经济的不断发展，1848年，82位商人发起组织了芝加哥期货交易所（CBOT），目的是改进运输与储存条件，为会员提供信息；1851年，芝加哥期货交易所引进远期合同；1865年，芝加哥期货交易所推出了一种被称为"期货合约"的标准化协议，取代原先沿用的远期合同。

使用这种标准化合约，允许合约转手买卖，并逐步完善了保证金制度。于是，一种专门买卖标准化合约的期货市场形成了，期货成为投资者的一种投资工具。1882年，交易所允许以对冲方式免除履约责任，增加了期货交易的流动性。

期货合约是由期货交易所统一制定的，规定在将来某一特定的时间和地点交割一定数量和质量标的物的标准化合约。期货价格则是通过公开竞价达成的。

期货合约有以下四个特点：

（1）期货合约的商品品种、数量、质量、等级、交货时间、交货地点等条款都是既定的，是标准化的，唯一的变量是价格。期货合约的标准通常由期货交易所设计，经国家监管机构审批上市。

（2）期货合约是在期货交易所组织下成交的，具有法律效力，而价格又是在交易所的交易厅里通过公开竞价方式产生的；国外大多采用公开叫价方式，而我国均采用计算机交易。

（3）期货合约的履行由交易所担保，不允许私下交易。

（4）期货合约可通过交收现货或进行对冲交易来履行或解除合约义务。

期货和股票的交易原理和交易手法有很大的差别，下表罗列出了期货投资和股票的主要区别。

期货与股票的区别

	期货	股票
区别	期货是保证金制,就是指投资者只需缴纳成交额的一定比例金额,比如5%~10%,就可以进行交易	股票是全额交易,就是说投资者有多少钱才能买多少股票
	期货投资者既可以先买进也可以先卖出,也就是双向交易	股票是单向交易,投资者在交易过程中只能先买入股票,才有权卖出股票
	期货必须到期交割,不然交易所会实行强行平仓或以实物交割	股票交易没有时间限制,就是说如果投资者被套还可以长期持仓
	期货投资的盈亏在于买卖的差价	股票投资回报有两部分,一是市场差价,二是分红派息
	期货是T+0交易,也就是说投资者可以当天买入当天卖出,也可以当天买入隔天卖出	股票实行的是T+1制度,投资者在当天买入股票只有等到第二天才可以卖出
	期货实行每日无负债结算制度,就算投资者没有平仓,盈利也会按当日结算价格划到投资者账户	股票只有在平仓后才能获取收益资金

看到这里，或许你会很好奇为什么我反复用股票做标的和外汇、期货进行比较，这是因为虽然股票、外汇、期货都是高风险投资工具，但是如果将这三个工具进行对比的话，股票属于风险较小的投资工具，它们三者的风险程度排序如下：

股票＜外汇＜期货

在构建激进型投资组合时，在配置了股票后，可同时配置一定比例的外汇或者期货，通过外汇或者期货的杠杆交易原理适当放大收益，同时配置外汇和期货的投资组合属于风险极高的投资组合，一般投资者应慎重使用。

在股票、外汇和期货这三个投资工具中，期货的投资风险最高。部分投资者偏好杠杆交易，认为只要风险与收益成正比就可以进行投资。在期货市场上，广大的中小投资者都在进行风险投资。

风险投资的风险性体现在三个方面，即价格波动风险、结算风险和操作风险。

价格波动风险是指在期货交易的过程中，应用保证金杠杆效应容易诱发交易者"以小博大"的投机心理，从而加大价格的波动幅度。

结算风险是指每日无负债结算制度，使客户在期货价格波动较大而保证金又不能在规定时间内补足至最低限度时，面临被强制平仓的风险，由此造成的亏损全部由客户负责。

操作风险主要来自投资者的非理性的投资理念和操作手法。主要表现在：在对基本面、技术面缺乏正确分析的前提下，盲目入市和逆市而为；建仓时盈利目标和止损价位不明确，从而导致在关键价位不能有效采取平仓了结的方式来确保收益或减少亏损。

4. 现货黄金

除了前面介绍的外汇和期货，杠杆投资工具里还有一个工具——现货黄金。黄金交易在我国还是一个年轻的行业，并不为人所熟知。

现货黄金又称国际现货黄金和伦敦金，是一种即期交易的投资方式。现货黄金是指在交易成交后交割或数天内交割。现货黄金是一种国际性的投资产品，由各黄金公司建立交易平台，以杠杆比例的形式向坐市商进行网上买卖交易，形成投资理财项目。

通常，现货黄金被称为世界第一大股票。因为现货黄金每天的交易量巨大，日交易量约为20万亿美元。因此，没有任何财团和机构能够人为操控如此巨大的市场，完全靠市场自发调节。现货黄金市场没有庄家，不仅市场规范，而且自律性强、法规健全，对于投资者来说是一种不错的理财方式。

现货黄金投资具有十分明显的优势，具体如下所述。

第 6 章
选择适合的投资工具

现货黄金的基础概念

现货黄金是一种即时交易的投资方式，由黄金公司建立交易，并且在网上买卖交易。

现货黄金单日交易量大，市场规范，法规健全。

（1）现货黄金进行双边买卖，无论涨跌均能赚钱。

现货黄金实行的是双边买卖的模式，因此只要配合一定的技术面和基本面，获利概率远远高于 50%。对于运用现货黄金工具理财的投资人来说，无论市场处于牛市还是熊市，无论买涨还是买跌，投资者均能从中获利，这样的优势能够为投资者增加更多的投资机会与回报。

（2）实行 T+0 交易模式，可 24 小时交易。

现货黄金的交易模式为 T+0 模式，支持 24 小时交易代表运用现货黄金进行理财的投资者可以在任意时段买进或者卖出。因此，现货黄金这种工具适合各类需要理财投资的人群。同时，现货黄金的操作手法具有多样化的特性，相对其他的交易投资方式来说更有利于降低风险，增加投资者的盈利机会。

（3）没有绝对的市场主力。

现货黄金的另一大优势则是该交易平台实现公开透明交易，且不同于股票交易。现货黄金的市场无绝对的主力，使得现货黄金交易更为公平、公正。

现货黄金市场是全球性的投资平台，日交易量是普通股市的600多倍。现货黄金投资工具能够做到全世界一样的投资对象、全世界一致的价格，且没有任何财团或者个人能够操纵金市。

（4）品种唯一。

现货黄金交易在任意市场行情下均可获利，为投资者增加了更多投资机会与回报。与之相较的股票市场则是一个单向买方市场，在股票交易当中投资者只能买涨，一旦股价下跌，则会有一大部分损失。

在操作当中，现货黄金投资市场当中的商品品种单一，因此操作简单，无须像股票交易时要在上千只股票中选股那般费时费力。

（5）交易成本低，无税收负担。

相较于股票交易相对较高的税款和佣金，现货黄金投资交易具有无须任何税费的优势。这种交易的模式极大程度地降低了投资者在市场交易中所负担的交易成本，因此现货黄金这种投资工具能够真正做到为投资者省钱、赚钱。

（6）保证金交易，利用杠杆比率以小博大。

现货黄金投资工具实行保证金交易方式，保证金交易是指投资者只需要提供一部分资金作为保证金就可以超出自己拥有的资金力量进行大宗交易，提高了资金利用率。举一个简单的例子，在国际现货黄金保证金交易中，如果投资者以1 000美元的资金作为保证金在平台中交付，以控制100万美元的资金力量完成黄金交易，则在普通情况下，保证金可以视作押金。也就是说，在现货黄金交易当中只需要先付一定的押金，就可以拥有商品的交易权。

现货黄金交易的特点

- 现货黄金的保证金是固定的，价格过高或者过低时会按照市场需求进行调整
- 一手保证金为800美元、1 500美元不等，例如现价1 200美元/盎司的保证金为1 200美元

而交易中押金的占有比例运用的则是杠杆比例，即投资者个人缴纳一定数额的保证金之后，在投资市场中进行交易的金额可以根据杠杆原理放大若干倍来进行交易。

根据前文中对于现货黄金的特征讲解可以得知，黄金市场的波动性比股票或期货市场的波动性要小很多，这种特征使得投资者可以通过运用杠杆比率来量身定制可接受的风险程度，杠杆的作用是允许投资者用借贷资金参与交易，大部分现货黄金经纪商都提供1∶100及其以上的杠杆比率给投资者，这种杠杆比率使得小额投资者也可以参与到现货黄金交易中，这种方式就是在投资理财中常说的以小博大功能。

第 7 章

定投指数基金：
普通人的投资利器

通过定期投资指数基金，一个什么都不懂的业余投资者竟然往往能够战胜大部分专业投资者。

图解理财

零基础学理财

指数基金

作为价值投资大师,巴菲特一再向普通投资者推荐指数基金。

巴菲特多次在公开场合建议中小投资者投资指数基金,他强调对于绝大多数没有时间研究上市公司基本面的中小投资者来说,成本低廉的指数基金是投资股市的最佳选择。

早在1993年,巴菲特就第一次推荐指数基金,称"通过定期投资指数基金,一个什么都不懂的业余投资者竟然往往能够战胜大部分专业投资者"。

在2004年致股东的信中,巴菲特告诫投资者重视指数基金的作用,普通人投资指数基金能够轻松分享所有企业创造的优异业绩,而不是获得惨不忍睹的投资回报。

那么,被巴菲特竭力推荐的指数基金到底是什么呢?

指数基金是指以特定指数为标的,并以该指数中的成份股为投资对象,通过购买该指数的全部或部分成份股构建投资组合,以追踪标的指数表现的基金产品。

与其他类型的基金相比,指数基金具有明显的投资优势。

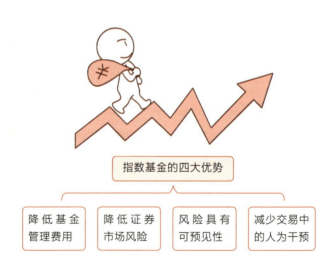

指数基金的四大优势

| 降低基金管理费用 | 降低证券市场风险 | 风险具有可预见性 | 减少交易中的人为干预 |

（1）降低基金管理费用。由于指数基金采取的是跟踪指数的指数化投资策略，基金管理人不必对股票的选择和投资时机的把握进行分析和研判，因此可以大大减少管理费用。同时，由于指数基金在较长时间内采取的是持有策略，所以其交易成本也远远低于其他类型的非指数基金。

（2）降低证券市场风险。综合型指数基金可以完全分散股票的非系统性风险，行业型指数基金则可以充分分散行业内的非系统性风险，任何一只股票的价格波动都不会对指数基金的整体表现产生很大的影响。

（3）风险具有可预见性。

通过对标的指数历史数据的分析，可以较好地预测指数基金的变化趋势，从而可以使指数基金免遭不可预测的风险。

（4）减少交易中的人为干预。指数基金运作最关键的因素是标的指数的选择以及对被选择标的指数的走势进行分析，而不是频繁地进行主动性投资。指数基金管理人的主要任务只是监测标的指数的变化情况，并保证指数基金的组合构成与之相适应，有效地控制跟踪误差。

历史数据表明，指数的增长幅度要远远高于大多数普通投资者包括机构投资者进行主动操作获得的累计收益。

对于定投指数基金，无论是选择哪一个点开始定投，只要赎回的时候指数点位高于开始定投时的指数点位，那么基金就肯定是盈利的。

基于"赎回指数点位只要高于开始指数点位必定盈利"的研究结论，再基于GDP增长趋势，在排除战争、金融危机等外在不可抗力的情况下，定投指数基金能够获得较高的收益。

第 7 章
定投指数基金：普通人的投资利器

长期来看，只要基金定投年限超过三年以上，一次性投入的收益必定要好于短期基金定投。

大波动基金定投的收益明显比小波动基金定投的收益高，前者收益几乎是后者的 2 倍，而基金定额定投和基金不定额定投在波动比较小的基金里并没有明显的差距。在波动大的基金里，基金不定额定投要比基金定额定投的收益高。

指数基金中的指数

指数基金中的指数到底是什么意思呢？股市中常常用到沪深 300 指数、标普 500 指数、道琼斯指数等指数，那么到底什么是指数呢？

指数为各种数值的综合，用于衡量市场或经济的变化。

指数被广泛地应用于经济、金融领域，如居民消费价格指数（CPI）、生产价格指数（PPI）等。例如，上证综指、沪深 300 等股票价格指数是指数在 A 股市场上的应用。

在指数中，还有一个重要的概念就是指数体系。所谓指数体系，是指由三个或三个以上存在一定数量对等关系的统计指数所构成的有机整体。指数体系中的各个指数之间的数量对等关系表现在两个方面：一方面，现象总体指数等于各个影响因素指数的连乘积；另一方面，一个受多因素影响指标的总增减量等于其各影响因素分别变动使其增减数量之和。

如果按照选样标准划分，可以把指数分为宽基指数和窄基指数两大类。

宽基指数不区分行业、覆盖范围大，我们常见的一些指数，代表整个市场走势的都属于宽基指数。

例如，沪深300、上证50、中证500、恒生指数、标准普尔500、纳斯达克100等。

窄基指数一般多是行业指数或者主题指数,这种分类过于简单,如医药指数、房地产指数等。

目前,我国的指数公司主要分两类:一类是官方性质的指数公司——中证指数有限公司和深圳证券信息公司,市场上绝大部分基金产品都用这两家公司的指数。另一类是第三方编制机构,如申万证券和中信证券等证券公司,市场上使用它们的指数开发的产品极少。

中证指数公司是由上海证券交易所和深圳证券交易所共同出资成立的国内最大的指数编制、运营和服务机构,中金所上市的三个股指期货合约跟踪的指数——上证50、沪深300和中证500指数,均由中证指数公司负责指数的授权和运营。

第 7 章
定投指数基金：普通人的投资利器

中证系列指数包括规模、行业、风格、主题、策略、客户定制、海外、债券、期货、基金等指数。

深圳证券信息有限公司为深交所下属企业，经深交所授权，负责"深证"系列指数的规划设计、日常运维和市场营销等业务。深圳证券信息公司为国内最早开展指数业务的专业化运营机构，是我国内地交易所直属指数机构之一。

深圳证券信息有限公司旗下管理的深证系列单市场指数早于1991年开始计算，自2002年以来率先推出跨深、沪两市场的国证系列指数。

深圳证券信息有限公司编制和发布了深证成份指数、中小板指数和创业板指数等市场代表性指数。

另外,深圳证券信息有限公司还成功推出了"深证100"等产品化成功的投资型指数,不断发展完善"深证"与"国证"两大指数系列。

中证指数有限公司和深圳证券信息有限公司编制的指数已覆盖指数分类,可以将指数分为综合指数、规模指数、行业指数、风格指数、主题指数和策略指数等六大类。

目前,国内市场采用的主流指数都来自中证指数有限公司和深圳证券信息有限公司,投资者如果想查看指数的编制方案,可登录指数公司的官网查找。

选择优质的指数基金

虽然指数基金既能够像股票一样享受权益类资产的高收益,却只承担了更低的风险,非常适合普通投资者,但是要从众多指数基金中选出合适的并不容易,既要指数有满意的收益率,又要基金公司能够稳定经营。事实上,挑选指数基金只有两步走——选指数和选基金。

1. 选指数

选择一个好指数,应该遵从什么样的挑选原则呢?

（1）宽基为主，窄基为辅。指数可分为综合性指数和行业性指数，也就是宽基指数和窄基指数。宽基指数如沪深300、中证500，覆盖面广，风险分散程度高，而且最近几年的收益率不错；窄基指数如中证消费、中证医药、300能源等，反映的是某一行业的表现。

考虑到有些行业比如券商的周期性比较强，有可能几年都不景气，风险比较高，而综合性指数覆盖面广，所以建议投资者选择指数以宽基指数为主，可以适当配置部分行业指数，比如消费和医药指数。

比如一些投资者配置70%的沪深300+中证500和30%的中证消费+300能源，这就构成了一个以宽基指数为核心、以窄基指数为辅的指数投资组合。

（2）选择被低估的指数。投资个股的时候，即便选中了一家优秀的公司，如果支付了过高的价格，透支了企业未来几年的盈利，也会导致投资失败。

投资指数也一样，支付过高的溢价将导致长期浮亏。虽然指数基金定投可以摊薄成本，亏损的概率比个股小很多，但是投资者没有必要为价值100元的东西而支付120元的价格。

衡量指数是否被低估，可以选择相对估值的方法，参考指数的历史PE，选择在低于历史PE中位以下的区域进行定投。对于像上证50、沪深300这样的蓝筹股指数，还必须保证盈利收益率高于10%，也就是在低于10

倍 PE 的时候才能定投。

不仅如此，投资者还可以横向比较被低估的指数，选择折价程度高的基金指数。比如 H 股指和沪深 300 的成份股高度重合，定投的效果是差不多的，因此可以选择更被低估的那只指数基金进行投资。

投资者切记：要预先设定一个标准且严格执行，一旦 PE 超过预定的标准就要停止定投，换入其他低估的指数基金进行定投。

2. 选基金

在选出满意的指数后，还需要选出合适的跟踪基金，因为投资者最终要投资的是基金而不是指数。

（1）比较基金规模。

选指数基金时，首先要排除的是规模小的指数基金。当我们在说基金的规模的时候，实际上讨论的是基金的流动性。所谓流动性，就是投资者买卖基金份额变换成现金的折价程度。

如果一家基金规模太小，那么当投资者需要卖出基金的时候，可能无法迅速找到对手，只能选择以更低的价格卖出。

一旦出现行情不好,申赎集中的时候,可能发生挤兑事件。

如果基金的规模连续一段时间低于某一个标准,还将面临清盘的危险。

虽然清盘不一定产生直接的亏损,但是可能导致前面定投积累的低成本份额浪费,错过了投资的时机,将导致潜在的收益损失。

(2)分析跟踪误差。

指数基金的运作原理是根据指数的成份股和权重买入同样比例的成份股。但是在实际操作中,因为一些客观的原因,指数基金并不是严格按照这个要求来复制指数的,所以在模拟指数的过程中会存在误差。

比如,指数基金需要预留部分资金支付其他费用,因此没有满仓;指数成份股停牌导致交易受限无法买入;指数成份股流动性不足导致成本差异;指数基金的业绩比较基准不完全是指数;大额申赎导致基金相对指数的涨跌被稀释;复制指数时购买股票要支付佣金和印花税,所以必然与指数有差距等原因。

投资者主要是为了获得市场平均收益,而指数基金的跟踪误差直接影响收益率的水平,因此跟踪指数的精确度可以说是非常重要的一个标准。

通常,场内基金的跟踪误差是最小的,因为场内基金采用的是一揽子股票交换基金份额的实物申赎方式,因此不需要预留资金应付申赎,能够长年保持95%以上的仓位。

指数跟踪误差是绝对存在的,没有办法完全避免。所以,投资者只能选择跟踪误差小的基金。跟踪误差越小越好,最大不要超过4%。

(3)比较同类基金的收益。

由于基金的投资风格和投资类型不同,常常造成基金在收益上不具有可比性,不利于我们挑出优质的基金。

为了更好地找到优质基金,我们可以通过分组的方法,将条件类似的基金放在一起比较,从而找出同一种基金中经营好的基金,这被称为组内比较;我们还可以对不同组的基金进行比较,分析目前哪种类型的基金表现更好,这被称为组间比较。

例如,将市面上的所有基金分为主动型和被动型两种进行比较。如果主动型基金的业绩明显好于被动型基金的业绩,那么说明目前市场活跃,主动型的投资策略更有优势,买主动型基金更有利。然后,对于主动型的基金进行组内比较,挑选出优质可靠的基金进行投资。

在所有的指数基金中,可以把跟踪沪深 300 的指数基金放在一起比较,并根据最近一个月的涨幅进行排列比较,先挑出涨幅最高的前 10~30 名的指数基金,其次对这些涨幅比较高的指数基金进行进一步分析和比较。

但是,分组比较也不是万能的。在分组的公平性、风险假设等问题面前,分组比较有其明显弱势。

比如,我们不能拿股票基金、债券基金和货币基金来进行组间比较，因为这三种基金的风险水平明显不同，单考虑收益是没有用的。我们不能把单市场指数基金和跨市场指数基金进行比较，由于跟踪的指数不同、投资风格不同，比较的结果参考价值不大。

（4）借助专业公司评判。

为了方便投资者查询基金业绩，一些研究中心和咨询机构推出了各式各样的基金业绩排行榜，其中较为普及的是银河证券基金研究中心、晨星等机构发布的排行榜。

这些机构都会列出过去一周、一个月、三个月、半年、一年、三年的收益状况和排名。通过这些排行榜，我们可以清晰地了解各只基金的表现。

我们看排行榜要注意以下两点：

一是要综合考察收益率，不要仅关注近期的收益水平，这很难说明什么。要综合考察不同时期的收益，这样才能全面地掌握该基金的表现。

二是要关注星级评价。星级评价是研究机构综合考察了实际回报和基金承担的风险水平之后得出的结论，五星评价的基金占10%。

（5）比较交易费用。

指数基金采用以权重为比例复制指数成份股的被动投资方式，免去了选股、择时、频繁调仓的管理费用，因此相较于主动型的基金，费用低 1%~3%，相当于在起跑线就领先主动型基金几个点，长期复利下来差距非常之大。

但是，哪怕是同一只指数基金，在不同的基金公司通过不同的销售渠道购买，费用也是不一样的。一般指数基金的管理费在 0.5%~1.0% 之间，托管费在 0.1%~0.15% 之间，申赎费在 0.05%~0.1% 之间。

投资者可不要小看这点儿差距，如果是长期投资，在复利的作用下，一点点费用差距都将导致最终收益减少。

投资者要尽可能选择低成本的渠道，很多场外基金为了鼓励长期投资，达到一定的投资期限是可以免申赎费用的。在流动性和跟踪误差不影响投资收益的情况下，长期投资是一个不错的选择。

需要注意的是，排行榜不是万能的，不要过分相信排行榜的分析，它只可以作为一种参考依据。

定投指数基金，获得超额收益

指数基金定投不需要投资者花费太多的精力，就可以实现收益。但是，指数基金定投并非想象中那么简单，赚钱与否还取决于投资者所选的基金。

因此，用来定投的指数基金起码得满足长期收益率有一定的正期望，或者周期性比较明显等基本条件。下面我们给投资者推荐三类适合长期定投的指数基金。

1. 宽基指数基金

这类基金的代表就是大家所熟知的对应沪深300、中证500（国内）、纳指500（国外）等的指数基金。其特点是所涵盖的股票数量多、范围广，许多指数基本就是整个股市大盘的代表与化身。

这类基金的收益率走势基本是跟随大盘，完全符合投资者"抱大腿"的定投初衷，因此也算是最基本的定投种类。

而且由于成份股巨多，基本不会出现因为单个股票的骚动引发大幅震荡的情况，日内波动也相对平缓，给投资者的交易操作留出了足够的时间。

2. 行业指数基金

如果你对某个行业特别了解，深谙其商业模式，了解如何判断一个企业在业内的影响力，那么可以考虑定投专注于这个行业的指数基金。

比如你是一名医生，对业内各个药企的情况非常了解，市场上有什么新药发布，你了解新药的成分和疗效，这种情况下可以考虑定投跟踪医药100指数的基金。

对于不是特别了解行业的普通投资者而言，不用担心会因为缺乏信息优势而错过机会。从基本逻辑上讲，股票表现最终还是反映着其背后公司的价值。

因此，如果是对整个社会而言非常重要的行业，如金融、医药、消费品行业，即使资本市场短期表现不佳，但从长期来看市场也一定会进行修正。

所以，投资者可以寻找这些重要行业的指数基金，只要社会还需要这个行业，投资就不会错。具体来说，消费必需品、医药、家电等涉及衣食住行、生老病死的基础性行业都是可以考虑的。

3. 红利指数基金

以本杰明·格雷厄姆、杰里米·西格尔等为代表的价值投资派大师提出这样一个思路，通过股票的股息率去指导股票投资。因为股票是会分红的，每年分红（股息）的多少即为收益率，可以以此与其他投资品种相比较来判断是否值得投资。

这样就衍生出一个思路，如果收集所有高分红的股票建立一个投资组合，是不是就能在指数上升的同时也享受红利带来的收益呢？

答案是肯定的，市场上确实存在红利指数基金这个将吃利息的思想发扬光大的品类。考虑到其本质上还是一揽子股票组合，自然也会存在价格波动的问题。投资者可以考虑用定投的方式逐步扩大持有量，从而在享受红利的同时减缓短期涨跌的冲击。

第 8 章

良性负债,
越负债越富有

　　良性负债可以帮我们有效地抵御通货膨胀,优化自身投资结构,保证自己的生活质量得到提高,生活目标得以实现,而且会使自己的资产得以增加。

图解理财

零基础学理财

"负债"累累

现代社会里,负债消费的人越来越多,我们有必要对于负债的现象重新认识和定位,选择性地利用"负债"的积极因素,为自己借力,从而在良性负债中让自己的生活变得更好。

债务有其两面性,我们可以将负债分为良性负债、中性负债和不良负债三类。

也就是说，债务也有好坏之分，不同的负债给我们未来生活带来的影响是不同的。

良性负债是指可以让资产增长的负债，这样的负债可以帮我们有效地抵御通货膨胀，优化自身投资结构，保证自己的生活质量得到提高，生活目标得以实现，而且会使自己的资产得以增加。

中性负债是指收支大概平衡的负债，在某种程度上，有时为了简化计算，我们把中性负债归为良性负债之列。

不良负债是因为超额消费而背负的超过自己还款能力的欠款，其中信用卡透支是最普遍的一种情况。

如果贷款的初衷是良性的，但是贷款利率远高于投资的收益率，或债务成本高于经营利润，这也算不良负债。

第 8 章
良性负债，越负债越富有

是否为不良负债，并不是从贷款用途上看的，而是从还款能力和收益率等方面判断的。

不良负债可能带给我们沉重的经济负担和心理压力，而良性负债可能给我们带来更加富裕幸福的生活。我们在选择负债时，应该予以区分。

不良负债,压力重重

随着人们消费观念的逐渐改变,个人消费信贷规模急剧扩大,越来越多的人加入信贷消费行列之中。

据统计,我国大中城市居民已经悄然成为高负债一族。注重当下的消费快感,得到了不少人特别是年轻人的认同和追随。虽然负债消费使负债者得到了短期的享受,但因为入不敷出、债台高筑,不少人却陷入了长期的生活困扰和压力,最终使未来的生活质量受到严重冲击和影响。

造成现实生活中的不良负债的情况,下图中做了说明。

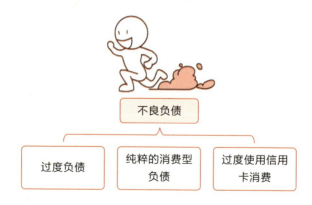

过度负债是指偿还债务的金额超过了自己的承担能力。例如，每个月因为要还房贷而缴纳的金额超过了个人和家庭收入的一半，再加上其他方面的消费之后，可自由支配的收入所剩无几，从而严重影响自己的生活水平。

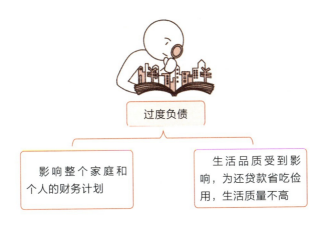

第二种不良负债是纯粹的消费型负债，这是一种享受型的负债，为了当下的生活而提前预支费用。这一类负债除了能带来感官上的刺激之外，没有实际的效益和金钱收益。

非理性很多时候就会造成过度消费和虚荣消费，为了面子和炫耀而付出太大的代价。例如，大到高档豪车、小到一件最时尚的新款高档衣服等，很多人认为这些都是身份的象征，为了虚荣心而背负很多债务。

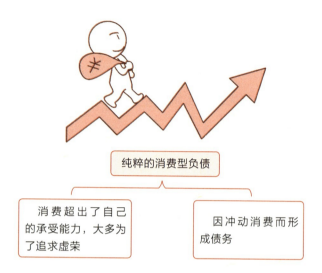

如果经济实力允许,买一些高档物品也无可厚非,但如果超出了自身的承受能力,完全为了面子和一时的虚荣通过负债来支持高档消费,最终可能陷入"面子有了,日子难了"的困境中,使原本就紧张的财务状况更加恶化。

第三种不良负债是过度使用信用卡消费。很多月薪族过分依赖信用卡,将卡刷爆,累积账单,最终积少成多,变成了沉重的负担。因为刷卡是一种无感觉消费,等到银行开始催还款的时候才发现自己累积了多少负债。

第 8 章
良性负债，越负债越富有

在用信用卡消费的时候，要消费有度，把握好分寸，不能过期还款，否则要承担过高的罚息，同时很有可能影响自己的个人信用。因此，应该将消费合理地控制在一定的范围内，保持良性负债，同时防范良性负债变成不良债务，使自己的生活陷入不堪和混乱。

使良性负债为我所用

负债像一把双刃剑,既有不良负债,又有合理的良性负债。

购房贷款就是良性负债的典型应用。贷款购买的房产有时候还可以带来租金收益,有时房产还可以抵押贷款。这类贷款会为我们带来正向的现金流,时间越长所获得的收益越大,而且是用别人的钱创造自己的收益。

一般来说,每月的还款额控制在自己收入的30%以内都是合理的良性贷款。

向银行贷款的时候都会有一个数据,就是银行会要求购房人每月的还款金额不要超过家庭月收入的50%,但是最佳的理想状态应该是在30%~40%之间,因为这样会留给购房人一定的财务弹性以支配生活里的其他安排,也不会以牺牲生活质量为前提。因此,将购房贷款的还款比例控制在月收入的30%左右才是一种良性负债。

一个财务状况良好的家庭可以有一定的负债,从而利用财务杠杆获得更高的收益。

需要注意的是：如果对良性负债不加以合理利用，它很可能会转化为不良负债而对我们的资金利用和收入安排造成不良影响。良性负债和不良负债最大的差别是负债是否在我们的可控范围内，是否可以带来未来的正收益。

生活本身就充满变数，随着岁月的推移，很多情况都可能发生变化。负债同样如此，比如工作变化或者家庭开支的大幅提升，都有可能令现有的良性负债转化为不良负债，使生活变得拮据。我们在负债时，必须对自己未来的收入情况有一个比较现实的预期，以免良性负债转变为不良负债。

按照以上衡量标准进行判断，来保证自己的负债额度不要超过承担能力。如果负债额度过高，则无法为自己或家庭带来收益。

最重要的是应该努力减少不良负债，规范良性负债，使得不良负债更多地转化为良性负债，让自己获得更好的生活，实现自己的愿望。

管理负债

合理利用手头上所能掌控的金钱,让其给自己带来能够增加收入的资产而不是带来负债。也可以说,如何管理好收入和负债是十分重要的。

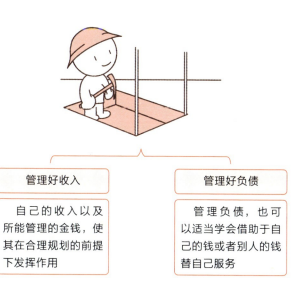

管理好收入

自己的收入以及所能管理的金钱,使其在合理规划的前提下发挥作用

管理好负债

管理负债,也可以适当学会借助于自己的钱或者别人的钱替自己服务

所以，当我们掌握了这些最基本的理财知识的时候，才可以灵活合理地规划，让自己财富的增长速度加快。

为了自己不至于变为"负翁"，应该注意以下几个最基本的理财要点，让钱为我们工作。

做好财务记录	控制信贷还款比例	避免只还信用卡的最低还款额	先计划还债，再计划开支
财务记录是资产负债情况的晴雨表。了解负债有多少，期限有多长，哪些是短期的、哪些是中长期。同时，明白自己的还款能力和周期	信贷还款比例＝每月还款额/每月收入×100%，如果每月的收入大部分用来还款，负债就偏向于成为不良负债了	累计的没有还的债务会积少成多，而且还有利息，所以应尽量全额还款	每月固定地拿出一部分收入还债，剩下的用于开支

还应该注意，不要刷信用卡去还信用卡的欠款，这种拆东墙补西墙的做法实在不可取。千万不能以债还债，这样资金缺口会越来越大，超出自己的承受能力之后就无法还清了。

因此，最聪明的做法就是让良性负债发挥最大的作用，同时让钱甚至是别人的钱为自己工作。

第 9 章

财务自由之路：
创业攻略

如果你想让家庭的财务变得更自由，想获得更多的财富，那么创业也是一个选择。

图解理财

零基础学理财

创业,财务自由之路

创业虽然艰苦,但成功后收获的财富是工薪族难以企及的。与其羡慕成功的人,不如下决心自己成为成功的人。

创业并不是一件简单的事情,你或许有很好的创意,有很强的销售能力,有很广的人脉,但创业依然需要优秀的综合能力。

创业是把相应的资源(包括自己的、通过努力能够使用的)进行优化整合,进而创造出更大经济价值的行为。接下来,一起来看看创业的基本特点和成功创业之道吧!

创业的动机

创业者通常为什么会创业呢?有的人因就业难而被迫创业,有的人想赚快钱、想发大财而创业,有的人想当老板、为了扬眉吐气而创业。创业的动机不同,创业的状态也不同,创业的结果更是不尽相同。

根据创业者的创业动机不同,可以将其分为以下几种类型。

第 9 章
财务自由之路：创业攻略

1. 生存型创业者

生存型创业者为了生存而进行创业，比如找不到工作、下岗工人、农民、大学毕业生等。这部分人群为了谋求生存不得不在商海中摸爬滚打，最后打出自己的一片天下，比如刘永好兄弟。

这类创业者在国内创业者中占绝大多数，但在现今竞争非常激烈的时代，可以说狼多肉少，能够生存下来非常不容易。例如，华为创始人任正非开始创业时就属于生存型创业者。

任正非 40 岁时被企业裁员后，到了南油集团的一家电子公司任副总经理。由于在做生意时被人欺骗，导致公司亏损了 200 多万元货款，于是任正非被辞退。

失业之后，家中有父母和六个弟弟妹妹要照顾，生活的重担全部压在了他的肩上。一家人挤在一间屋子里，生活窘迫，想去打工也没有机会。无奈之下，43 岁的任正非选择了创业。

历经 30 多年的创业历程后，任正非创办的华为如今已经成为世界最大的通信设备供应商，其产品和解决方案应用于全球 170 多个国家，服务全球 30 亿人口，2018 年一年的营收比腾讯、百度和阿里巴巴加在一起还多。

任正非是幸运的，他是成功的创业者。但是，大部分生存型的创业者却失败了。

图解理财
零基础学理财

创业的成功率非常低,尤其是生存型创业者,十个人中能生存一个已经实属不易了。

生存型的创业者不妨从一些小生意开始入手,小成本创业,比如专营饰品店、服装店、小饭馆等。可能租一个卖早点的摊位,也会有不错的收入。

小本创业的优势在于:只要肯努力,不怕吃苦,肯定能赚到钱。不用担心"破产",万一做不好还能全身而退,再去尝试别的工作。

2. 主动型创业者

主动型创业者通常有一定的经济基础,但他们并不满足于现状。他们的事业可能也小有成就,但来自子女教育、赡养老人的经济压力也不小。他们选择创业也是非常合情合理的。例如,马云就属于主动型创业者。

24岁的马云大学毕业后进入杭州电子科技大学当英语老师,在任教期间利用业余时间在杭州一家夜校兼职教英语,同时帮助别人从事英语翻译。

随后,马云辞去大学教师工作。而立之年的马云开始创业,创立杭州第一家专业翻译社——海博翻译社,随后又创立了中国黄页、阿里巴巴和淘宝网。历经三次创业,马云终获成功。

马云认为创业靠心态,创业是为了实现一个目标而孜孜不倦地去追求。只要你不满足于现状,想法设法去突破,就属于主动型创业。

主动型创业者在创业群体中所占比率不高,但成功的概率相对来说较高。因为这类人对创业和市场有比较深入的了解,并且极为自信和勇敢,能够承受创业的压力,也敢于积极地去面对竞争。

具体来说，主动型创业者又分为盲目型和冷静型两类。

盲目型创业者做事冲动，对创业的规划性不强，但非常自信。这类创业者一旦成功，往往可以成就大事业。

冷静型创业者比较有智慧，能运筹帷幄之中，决胜千里之外。他们掌握的资源非常丰富，对市场和竞争了解非常深入，是所有创业者中成功率最高的。

主动型创业者虽有经济基础，创业资金相对比较充裕，但是不能好高骛远，一味地选择大型的创业项目。

大型的创业项目虽然有很高的回报，但创业风险同样也很高。有钱创业更要量力而行。

主动型创业者要选择力所能及的创业项目,不能高估自己的能力和财产,把钱全部投入一个自己没有能力完成的所谓"高大上"的创业项目。

3. 赚钱型创业者

赚钱型创业者往往具有较高的专业知识水平,不仅人脉资源丰富而且很有价值,通常资金充足,完全有能力运作高端创业项目。

这类创业者赚钱的成功率也比较高,因为他们往往能够特别快地抓住机遇,行动力很强。

不管是哪一类创业者,如果想要成功,最关键的还是要对市场有足够的了解,并拥有很强的行动力和敢闯敢拼的魄力,能够抓住机遇,在激烈的竞争中以快、准、狠取胜。

创业要量力而行。

资金充足的创业者选择创业项目的局限性比较小,能力所及的项目都可以尝试。

资金有限的创业者可以选择小型的创业项目,只要努力坚持,也能逐步扩大规模,越做越好。

创业的流程

企业发展有一定的规律，创业也有一定的流程，比如从最开始的选定创业项目，到组建团队，再到注册公司等，这些都是有章可循的。了解最基本的创业流程，可以帮助你在创业路上省下不少功夫。

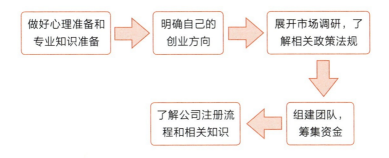

1. 第一步：找到创业的方向

选择创业项目，要明确这样几个问题：哪些是自己喜欢的？哪些是自己能做的？哪些是前景非常好的？哪些是风险特别大的？

如果是自己不喜欢的行业，即使这个行业前景非常好，也不要去尝试，否则是一件很痛苦的事。在自己擅长的领域创业才能得心应手，也会越来越有信心，干劲就会很足。另外，初创业者从事风险过大的项目，虽然高风险伴随着高回报，但初创业者很少有规避高风险的能力，一旦失败就会带来惨重的损失。

2. 第二步：调查目标市场和消费者

一个有前景的项目必定有着明确的市场需求，有发展空间，同时也有吸引资金注入的条件。

在市场调研时要尽量细致，有前瞻性、明确客户价值、市场需求以及市场前景。比如，你所在行业的发展方向有哪些，市场有多大，消费者是什么人群，竞争对手有哪些，竞争对手的实力怎样，现在所面临的困境是什么，你的机遇在哪里，一般有哪些行业规则和行业管理政策等。

（1）调查市场和目标消费者。

只有了解了市场和消费者，你才能突出产品的特点，明确未来产品的推广、销售方式，才能确定盈利点模式。

（2）了解相关政策。

调查你所经营的业务是否有明确的政策法规，你所在地的政府如何执行相关政策法规，这样的政策给你的创业带来什么机遇和影响。

3. 第三步：注册公司

注册公司需要按正规手续和流程办理，创业者最好到相关部门了解清楚规定，比如公司名称预登记、企业设立登记、前置审批、交存企业注册资金、办理法定验资手续、工商注册的审批、领取营业执照、企业印章备案及刻制、企业法人代码登记、税务登记、开设银行账号等具体细节。

除此以外，还要了解相关的法律法规，选择有利的地址，做好各项开支预算，起好公司或品牌的名字，既要与众不同又要合情合理等。只有万事俱备，才能笃定地等待东风。

4. 第四步：组建团队，筹集资金

组建团队时要招募有能力的人，团队成员要志同道合，不能任人唯亲，否则一旦产生分歧却因为碍于面子而纵容，就难以开展工作。

筹集的启动资金自然是多多益善，但要看你承担这笔投资亏损的能力如何。如果自己的能力有限，可以找合伙人一起分担，也可以找投资人为项目投资。

如果不需要很多的启动资金，完全可以通过创业项目随时回款，这样更踏实。

第 9 章
财务自由之路：创业攻略

筹集资金是一件相对复杂的事情，可以向专业人士了解如何筹集资金、如何取得投资人的认可。建议创业者多了解相关规则。

创业的四个阶段

当启动创业之后,创业者脑海中所憧憬的一定是公司业务遍布全国、公司打造了人人皆知的品牌这类成功的结果。这样的憧憬也许会让创业者充满激情,但更多的是让创业者充满挫败感,因为从启动创业到最后成功所经历的周期是很漫长的。

一般来说,创业要经历四个阶段,即艰难的生存期、茫然的发展期、充满激情的扩张期和国际化拓展期。

第 9 章
财务自由之路：创业攻略

从现实来看，很多创业者都折戟在生存期和发展期。所以，理性而心平气和地坚持创业之路才是成功之道。

1. 第一阶段：艰难的生存期

创业最开始的阶段是生存阶段。

以传统行业来说，这个阶段的最重要目的是赚钱，为长远的发展奠定基础，或者为了生存奠定基础。

在这个阶段，创业者最主要的行动是通过自己的人脉、资源来宣传自己的品牌，从而取得更多的订单和项目，获得更多的利润。

在创业生存期,创业者应做好后期发展的规划,但不要期望一入市场就能迅速引起波澜,否则可能会被竞争对手当作重点对象来攻击,或者为了迅速占领市场烧钱太多,致使资金周转不灵,企业运转受到阻碍。

2. 第二阶段:茫然的发展期

发展期通常是企业开始步入正轨的阶段。

在这个阶段,企业已经掌握了一定的资金和技术,并开始逐步在市场立足。而这时的创业者或者企业主所要做的就不仅仅是找订单或者找项目了,而是慢慢扩张渠道,扩大与各方的合作,把精力放在企业管理和规范化建设上。

在发展期,创业者的思维水平和战略运营能力已经得以提升,企业的各个团队,如营销团队、产品团队、管理团队等初步形成并日渐规范,企业向着规范化方向一步步迈进。

3. 第三阶段：充满激情的扩张期

在这个阶段，公司规模开始扩大，进入集团化发展阶段。

这时，企业会设置总部、子公司或者分公司等机构，企业管理由人治变成了公司治理，销售由区域营销变成了整个集团形成一张纵向管理和横向发展的销售网络。此时，企业也拥有了核心竞争力，在市场上占据了一定的份额，对竞争对手有了较强的抵御能力。

在扩张期，创业者的工作重心是掌控大局，而不是在一线从事营销或管理工作，因为企业的运转已经职能清晰、流程有序了。

4. 第四阶段：国际化拓展期

很多企业凭借其核心竞争力走出国门，成为跨国企业。比如阿里巴巴在国内异军突起，并在美国纳斯达克上市，成为国际化公司。

创业，请做好心理准备

创业并不是一件一帆风顺的事情，即使你有人脉、有资源、有实力，但面对激烈的竞争和各种管理问题，创业前仍要做好充足的心理准备。

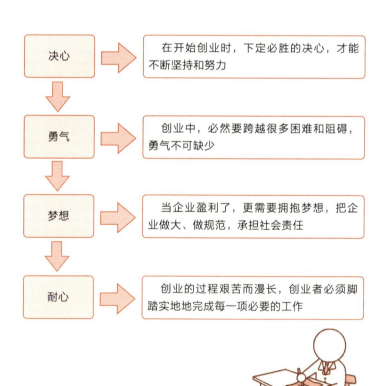

决心	在开始创业时，下定必胜的决心，才能不断坚持和努力
勇气	创业中，必然要跨越很多困难和阻碍，勇气不可缺少
梦想	当企业盈利了，更需要拥抱梦想，把企业做大、做规范，承担社会责任
耐心	创业的过程艰苦而漫长，创业者必须脚踏实地地完成每一项必要的工作

1. 决心

抱最好的希望,做最坏的打算,坚定必胜的决心。这三个方面缺一不可。只有抱最好的希望,创业者才能敢于去面对困难,才有动力和冲劲;只有做好最坏的打算,创业者才有破釜沉舟的决心;只有做好这两个方面的准备才能坚定必胜的决心;而只有坚定必胜的决心才能想办法跨越阻碍,才能想办法成功。

2. 勇气

有的人并不是被遇到的困难击倒,而总是犹犹豫豫、踌躇不前,被自己想象的困难击倒。有时候最重要的只是跨出第一步的勇气,既然前面不是万丈深渊,就不要怕。

面对困难时,不妨抛开一切顾虑,勇往直前,创业者的潜力就会被激发出来,因为创业者具有不惧艰难的勇气,才更容易实现成功创业的梦想。

3. 耐心

创业当然为了赚钱,大多数创业者也希望通过创业来大赚一笔,但有些人禁不住金钱利益的诱惑,心思渐渐脱离了创业本身,一门心思地想着发家致富,想跳过艰苦的创业过程一步登天,结果这一步还没跨出去就已经摔倒了。

创业不是一蹴而就的事情,请保持耐心,拼搏能使事业越来越好;面对诱惑,也请保持耐心,推动事业一步一个脚印地进步。

等待是一种克制,创业的过程艰苦而漫长,没有谁能做到一日千里。创业者唯有克制对金钱的欲望,脚踏实地地完成每一项必要的工作,才会取得最后的成功。

路漫漫其修远兮,创业者要耐得住寂寞。不要被各种诱惑牵制,也不要被别处的诱惑蒙蔽双眼,迷失了正确的方向。

创业成功有很多因素,以上是成功者必备的心理素质。如果你想创业成功,请做好充足的心理准备。

只有耐心地迈着稳健的步伐,才会冲出幽暗,奔向创业的光明之路。

第 9 章
财务自由之路：创业攻略

如果你急于求成，不顾创业中存在的现实问题，肯定会以失败收场。

附录

理财手账中的必备表格

图解理财
零基础学理财

附录
理财手账中的必备表格

记账清单（＿＿年＿月）

收入					支出				
工资	奖金	投资收益	偶然性收入	其他	固定支出	日常消费	投资性支出	偶然性支出	其他
收入总计					支出总计				

每月收支表

每月收入	每月支出
本人收入_____	房贷或房租_____
配偶收入_____	生活开销（衣、食、行、通讯）_____
其他家庭成员收入_____	
投资获利_____	娱乐费_____
合计_____	医疗费_____
	子女教育费_____
	赡养老人费_____
	其他支出_____
	合计_____

每月结余（收入－支出）_____

年度资产总结表

年度收入	支出
年终奖金或红利_____	房贷或房租支出_____
存款总额（本利总和）_____	教育支出_____
证券投资获利_____	医疗支出_____
其他投资获利_____	日用消费支出_____
其他收入_____	
收入总计_____	支出总计_____

每年结余（收入－支出）_____

附录
理财手账中的必备表格

家庭资产负债表

家庭资产	家庭负债
现金_____	房屋贷款_____
存款（本利总和）_____	汽车贷款_____
证券投资本金与获利_____	信用卡消费贷款_____
房地产（自用）_____	其他贷款_____
房地产（投资）_____	欠款_____
其他_____	其他_____
资产总计_____	负债总计_____
净值（资产-负债）_____	

图解理财
零基础学理财